Von der Ostsee bis ans Schwarze Meer

Gernot Gries

VON DER OSTSEE BIS ANS SCHWARZE MEER

3000 Kilometer
mit dem Rennrad allein durch Europa

Alles geht, wenn man sich traut!

Bibliographische Information der Deutschen Nationalbibliothek:
Die Deutsche Nationalbibliothek verzeichnet diese Publikation
In der Deutschen Nationalbibliografie; detaillierte bibliografische
Daten sind im Internet über http://dnb.dnb.de abrufbar

© 2019 Gernot Gries, Sanitz
Umschlaggestaltung und Fotos vom Autor
Lektorat: Sandra Ehrlich
Satz und Layout: altstadt-druck GmbH, Rostock
Herstellung und Verlag:
BoD – Books on Demand, Norderstedt
ISBN: 978-3-7481-6691-7

Für Petra

...die mir das alles ermöglicht hat

Die einzelnen Etappen

25. August 2017	Sanitz - Ludwigslust ....
26. August 2017	Ludwigslust - Arneburg ....
27. August 2017	Arneburg - Calbe ....
28. August 2017	Calbe - Naumburg ....
29. August 2017	Naumburg - Ziegenrück ....
30. August 2017	Ziegenrück - Blankenstein ....
31. August 2017	Regensburg - Deggendorf ....
01. September 2017	Deggendorf - Inzell ....
02. September 2017	Inzell - Grein ....
03. September 2017	Grein - Tulln ....
04. September 2017	Tulln - Hainburg ....
05. September 2017	Hainburg - Komaron ....
06. September 2017	Komaron - Budapest ....
07. September 2017	Budapest - Solt ....
08. September 2017	Solt - Mohåcs ....
09. September 2017	Mohåcs - Apatin ....
10. September 2017	Apatin - Backa Palanka ....
11. September 2017	Backa Palanka - Novi Sad ....
12. September 2017	Novi Sad - Pantchewo ....
13. September 2017	Pantschewo - Divici ....
14. September 2017	Ruhetag in Divici ....
15. September 2017	Divici - Kladovo ....
16. September 2017	Kladovo - Vidin ....
17. September 2017	Vidin - Kozloduy ....
18. September 2017	Kozloduy - Nikopol ....
19. September 2017	Nikopol - Svishtov ....
20. September 2017	Svishtov - Russe ....
21. September 2017	Russe - Shumen ....
22. September 2017	Shumen - Varna ....
23. September 2017	Varna ....
24. September 2017	Varna ....
25. September 2017	Varna ....
26. September 2017	Varna ....

Prolog

Am Anfang war da diese Idee! Einmal mit dem Fahrrad durch Europa bis nach Istanbul fahren. Von der Ostsee bis ans Schwarze Meer. Allein und mit minimalem Gepäck.

Aber eigentlich bin ich Radfahrnovize und fahre erst seit einem Jahr intensiver und nun neuerdings auch Rennrad. Wird meine Kondition für solch eine Unternehmung reichen; bei nur 250 Trainingskilometern pro Woche und das im Flachland Mecklenburgs? Und Tagesstrecken über 80 Kilometer waren bisher auch eher eine Rarität. Kann man sich jeden Tag neu motivieren und trotz aller Widrigkeiten, die Wetter und Straßenverhältnisse bieten, 30 Tage auf seinem geliebten Fahrrad verbringen und über 3000 Kilometer und 13000 Höhenmeter bewältigen? Oder hasst man sich selbst nach einer Woche Strapazen für diese Wahsinnsidee? Ich weiß es nicht. Was hatten mir meine Arbeitskollegen beim Abschied auf eine Karte geschrieben?

„Ob sich ein Weg lohnt, erkennst Du erst, wenn Du losgegangen bist…, ob eine Sache gelingt, erfährst Du nicht, wenn Du darüber nachdenkst, sondern, wenn Du es ausprobierst. Man sollte nicht an dem zweifeln was man tut, sondern darüber nachdenken, was man will, ohne Angst vor dem, was daraus werden könnte, einfach geschehen lassen. Nichts muss so sein, nur, weil es immer so gewesen ist."

Ja – das war meine Chance! Ich hatte Mitte des Jahres eine berufliche Auszeit genommen und damit den gedanklichen Abstand und die Zeit, solch ein Projekt zu planen und zu realisieren. Die Unterstützung der besten

Mein Arbeitsgerät – ein Specialized Diverge

...und das geschrumpfte Hygienepack für die nächsten 4 Wochen!

Ehefrau von allen war mir sicher; sie drängte mich sogar zu einer zeitnahen Durchführung.

Um noch mit dem schwindenden und in diesem Jahr ohnehin kaum existenten Sommer in den Süden zu kommen, wurde Ende August als Starttermin festgelegt. Also blieben noch drei Wochen für die Routenplanung, Fahrradvorbereitung, Recherchen über die zu bereisenden Länder, Auswahl des Gepäcks, das Radtraining und, und, und... Viel zu wenig Zeit, das war klar. Aber als Alternative blieb nur das Verschieben des Projektes aufs nächste Jahr. Nein! Es wird nichts mehr verschoben, es wird durchgezogen! Meine Route sollte den großen Flüssen Richtung Süden folgen – also Elbe, Saale, Naab, Fichtelnaab und dann entlang der Donau Richtung Osten und Süden bis nach Rumänien und von dort wieder nach Westen und Istanbul abzweigen. Schnell war mir klar, dass entsprechendes Kartenmaterial zu sperrig und gewichtig sein würde, so dass ein spezielles und leichtes Navigationsgerät (ein Handy kam wegen der Laufzeiteinschränkungen der Akkus nicht in Frage) angeschafft und mit entsprechenden Routen ausgestattet wurde. Lediglich ein paar kartografische Übersichtsblätter im DIN A4–Format fanden im Rucksack Platz. Überhaupt der Rucksack! Ich wollte mit fünf Kilogramm und zusätzlicher zwei Kilo-Beladung des Fahrrades mit einer kleinen aerodynamischen Oberrohrtasche auskommen, um mir das Leben auf der Langstrecke und in den Bergen durch Gewichtsminimierung des Gesamtpaketes aus Fahrer, Rad und Gepäck zu erleichtern. Die voluminösen, sonst allen Ortes zur Verwendung kommenden beidseitigen Packtaschen kamen aus diesen Gründen nicht zum Einsatz. Allerdings kostete es mich mehrere Stunden, die Vorauswahl an Kleidung, Hygieneartikeln, Werkzeug und Ersatzteilen auf die auferlegten Rahmenbedingungen zu reduzieren. Und es funktionierte! Da ich in Pensionen und kleinen Hotels übernachten wollte, konnte ich auf Zelt, Schlafsack und Kochgeschirr verzichten. Wichtigstes Utensil war „REI in der Tube", um alle 1-2 Tage die knapp bemessene Kleidung reinigen zu können; was mir einige Lacher im männlichen Bekanntenkreis einbrachte, dem ich von meinem erfolgreich absolvierten Waschkurs bei meiner Frau erzählt hatte.

Eine neue Prepaid-Telefonkarte mit ausreichend Datenladekapazität für die zu bereisenden 9 Länder war auch von Nöten. Ein Internetzugang würde sicher in den meisten Unterkünften verfügbar sein. Ein Multitool, zwei Schläuche, CO_2-Kartuschen, Reifenheber, Flickzeug und eine demontierbare akkubetriebene Fahrradbeleuchtung ergänzten die Packliste. Ach ja, nicht zu vergessen, das Pfefferspray gegen aggressive –laut Internet vorwiegend in Rumänien beheimatete Hunde – wird leicht erreichbar am Lenker montiert.

Das Gesamtpaket wurde am Tag vor der Abreise von meinem mit Langstrecken-Radfahrten vertrauten Kumpel Jörg abgenommen und für gut befunden. Dennoch schlafe ich in dieser letzten Nacht unruhig ...

25. August 2017 Sanitz - Ludwigslust

Es geht los!!! Der Start erfolgt heute in Sanitz um 7:30 Uhr bei unangenehm kühlem, wolkigem Wetter und ohne Verabschiedungskomitee. Das ist mir sehr recht, denn ich bin sowieso ziemlich aufgeregt und steige mit leicht zittrigen Knien auf meinen Karbon-Renner. Tausend Gedanken schießen mir durch den Kopf! Habe ich alles mit, nichts vergessen? Bin ich fit genug, werde ich es schaffen? Wird das Rad durchhalten? Hätte ich lieber mein Treckingrad nehmen sollen? Was, wenn das Navi ausfällt? Mir schwirrt der Kopf und nur kurze Zeit später kann ich einen Sturz, bedingt durch das vergessene Ausklicken aus den Pedalen, gerade noch verhindern. Ein Anfängerfehler, wie peinlich ... So, nun aber Konzentration! Sonst ist die Fahrt schon in heimischen Gefilden verletzungsbedingt zu Ende!
Die sicheren Radwege enden schon bald. Hinter Rostock geht es bereits auf der Landstraße weiter – leider nun auch noch bei Nieselregen und permanentem Gegenwind von 20 km/h. Unangenehm, aber ich bin ja noch frisch und unverbraucht unterwegs. Ab Schwerin dann endlich Seitenwind, was die Stimmung schlagartig verbessert. Kurz vor Ludwigslust lege ich eine erste längere Pause an einer Tankstelle ein, um mich energetisch mit Cola und Energieriegeln wieder auf Vordermann bringen. Und dann weiter. Man soll ja eigentlich die erste Etappe einer längeren Tour geruhsam angehen und nicht übertreiben. Habe ich gelesen. Aber nun war ich im Rausch, oder wie die Profis sagen, im Flow und am Ende des ersten Tages standen 142 Kilometer und 750 Höhenmeter auf der Uhr. Ich hatte übertrieben! So eine lange Strecke bin ich noch nie am Stück gefahren. Aber als bei meiner Ankunft in Ludwigslust um 15:30 Uhr dann

zum ersten Mal am heutigen Tag die Sonne scheint, bin ich doch glücklich, stolz und zufrieden. Noch schnell ein einfaches Hotel gebucht und eine leckere Portion Nudeln und ein alkoholfreies Hefeweizen zum Abendbrot im Freien genießen. Der erste Tag ist geschafft! Aber es war hart heute, ich gehe erschöpft, schon etwas staksig, dennoch zufrieden mit diesem ersten Tourtag zurück zum Hotel und um 20:00 Uhr liege ich schon todmüde in meinem Hotelbett.

...noch ein Abschieds - Selfie

26. August 2017   Ludwigslust - Arneburg

Nach dem Frühstück geht es heute um 7:30 Uhr nach einer kurzen Altstadt- und Schlossbesichtigung weiter. Am Ende dieses Tages werden es 133 Kilometer und 220 Höhenmeter sein. Bei Lenzen erreiche ich endlich die Elbe, die mich in der nächsten Zeit begleiten wird. Auf dem Elberadweg kommen mir stromabwärts nun schon Packeselradler entgegen. Das klingt zugegeben etwas despektierlich, aber eigentlich tun sie mir leid, schleppen bestimmt in Summe 20 Kilogramm in ihren vier Taschen mit. Und was ist da eigentlich alles drin, was ich vielleicht vermissen könnte? Akribisch hatte ich ja im Vorfeld versucht, jedes überflüssige Gramm zu Hause zu lassen – selbst die Zahnpastatube hatte Miniformat. Mit leisen Zweifeln denke ich darüber nach, ob ich nicht zu restriktiv gepackt habe. Wenn ja, werde ich es bald merken. Aber auch die anderen Radler machen sich Gedanken und so werde ich unterwegs öfter gefragt, wie man mit so wenig Gepäck auf einer so langen Strecke zurechtkommen kann. Man kann! Allerdings muss man sich aus seiner Komfortzone heraus bewegen. Dann versuche ich zu erklären, dass ich ein relativ untrainierter Radfahrlaie bin, der Angst vor jedem Gramm Gepäck zu viel hat, das er mitschleppen muss. Und dann gibt es ja noch diesen Asketenspruch: was brauchst Du auf Reisen mehr als eine Zahnbürste und Kreditkarte?! Na gut, irgendwo dazwischen muss ich mich wohl einordnen.

Ein gut ausgebauter Radweg auf dem Elbdeich führt mich auf landschaftlich schöner Strecke nach Wittenberge, eine sehenswerte Stadt mit einer attraktiven Hafenmeile. Die erste Rast des Tages im Innenhof des Hotels „Alte Ölmühle" gibt mir Gelegenheit, die gekonnte Restauration dieses Industriedenkmals von 1856 zu bewundern.

Das Ludwigsluster Schloss …

… mit Schlosspark

Auf das Angebot die Spezialitäten der ansässigen Schaubrauerei zu testen, verzichte ich lieber. Ich habe keine guten Erfahrungen mit Alkohol auf dem Rennrad gemacht ... Dann wechsele ich auf die Westseite des Flusses und erreiche bei strahlendem Sonnenschein das tausendjährige Arneburg. Der Tag bot schwierige Wind- und auch wechselnde Straßenverhältnisse, da meine auf dem Navigationsgerät geplante Tour nicht dem offiziellen Elberadweg folgt. Zum Ende bin ich auch am Ende ... Da half auch ein Bierchen zur Regeneration nicht! Um das Maß voll zu machen, ist das einzige Hotel ausgebucht! Aber ein Fremdenzimmer für 35€ fand ich mit etwas Mühe dann doch noch. Gott sei Dank! Das war knapp. Von nun an recherchiere ich den Weg und die Hoteloptionen bereits am Vorabend im Internet, um ähnliche Überraschungen, Umwege und das Suchen während des Tages zu umgehen. Damit kann man unendlich viel Zeit verplempern und die hätte ich gern für die Natur und Sehenswürdigkeiten auf der Strecke.

Die heute noch verbleibende Zeit am Abend wird zum Energieaufbau mit einem Strammen Max und einem Nudelgericht als zweitem Gang genutzt. Das ergänzende Bier dient ausschließlich dem Elektrolytausgleich!

Duschen, Trikots und Wäsche waschen, das Rad checken und pflegen, dann die akkubetriebene Technik (Radbeleuchtung, Handy, Navigationsgerät, Powerbank) aufladen – wie jeden Tag ... Ach ja – und das Tagebuch schreiben und mit der besten Ehefrau von allen sowie Freunden kommunizieren nicht vergessen!

Überhaupt ist es für mich sehr erstaunlich, wie organisiert so ein Tourentag ablaufen muss, damit alles klappt. Längere Fahrstrecken und damit konsekutiv auch Fahrzeiten erfordern konsequent frühes Aufstehen, damit man noch bei Tageslicht sein Etappenziel erreicht. Natürlich kosten sie aber auch Kraft, was einem das Besichtigen von Sehenswürdigkeiten am Ende eines langen Tages schon mal verleiden kann. Auch die Energie- und Flüssigkeitszufuhr muss durchdacht erfolgen. Ein opulentes Frühstück erweist sich schnell als ausgesprochen belastend, auch ein kleines Mittagessen toleriere ich nicht. Energie wird für das sechs- bis siebenstündige Radfahren aber zwingend benötigt. Also muss ich zwischendurch auf Energieriegel zurückgreifen, auf eine ausreichende Flüssigkeitsaufnahme während der Fahrt achten und ein möglichst reichhaltiges kohlenhydrat- und eiweißreiches Abendbrot als Hauptmahlzeit einplanen.

Bei Zielankunft muss dann zügig eine Unterkunft gefunden und bezogen werden, dann Duschen, Waschen und der Check für den nächsten Tag, wie bereits beschrieben. Und wehe du merkst am nächsten Morgen erst bei der Abfahrt, dass du vergessen hast, das Navigationsgerät, Handy oder die Fahrradleuchten aufzuladen! Der Supergau! Okay, ja ich habe noch die kleine Powerbank (155 Gramm extra) als Notlösung für unterwegs... Fazit des Ganzen ist letztlich ein straff reglementierter und wenn man so will langweiliger Tagesablauf, mit repetitiven, irgendwann automatisierten Handlungsabläufen, der mich tendenziell an Armeezeiten erinnert ... Aber meine Lernkurve wird jeden Tag besser! Die Schrecksekunden werden seltener ...

27. August 2017   Arneburg - Calbe

Heute kann ich feiertagsbedingt erst um 8:00 Uhr frühstücken. Also vorher die Sachen packen und die Kette
ölen. Das gestern neu geplante Tagespensum beläuft
sich auf 123 Kilometer und 176 Höhenmeter. Leider
herrscht heute wieder üppiger Wind vor – und natürlich
schon wieder von vorn!

Ich habe noch nicht gelernt, mich mit den nie optimalen
Rahmenbedingungen einer solchen Tour anzufreunden.
Mal scheint die Sonne zu heiß, mal regnet es, dann stö-
ren der Wind oder die Position auf dem Rad oder die
schlechten Straßenverhältnisse. Oder ich selbst bin das
Problem mit irgendeinem körperlichen oder seelischen
Wehwehchen. Ich muss gelassener werden, nehme ich
mir vor, muss mich mit den nicht beeinflussbaren Gege-
benheiten arrangieren. Keiner der vermeintlichen Stör-
faktoren wird ja ewig persistieren, alles wird irgendwann
einmal ein Ende haben, nichts wird so bleiben, wie es
war, es wird sich definitiv etwas verändern. Und dann
hoffentlich zum Guten! Aber sicher ist auch, es werden
auch nie alle erhofften optimalen Rahmenbedingungen
beieinander sein. Das muss ich mir immer wieder vor
Augen führen und akzeptieren. Gelingt das, kann man
auch die Kraft daraus schöpfen, solche Abschnitte mit
weniger Frust zu bewältigen. Im Übrigen habe ich mir
dieses Abenteuer ja selber ausgesucht und könnte es
jederzeit beenden mich in den Zug setzen und nach
Hause fahren. Aber das ist aktuell natürlich wirklich keine Option. Ich muss einfach gelassener werden. Heute
fällt mir das noch schwer...

Ich habe mich für eine Abkürzung um Magdeburg herum entschieden, die leider auch auf Landstraßen und sogar Bundesstraßen verläuft, wie sich bald zeigt. Städte kosten mich immer sehr viel Zeit und bergen sicher auch das höchste Unfallpotenzial, weil man sich neben dem Verkehr auch noch auf die Streckenführung auf unbekanntem Terrain konzentrieren muss. An jeder Ampel muss man sich in die Pedale aus – respektive wieder einklicken. Autofahrer, Fußgänger, man kommt einfach nicht in Schwung. Dazu gibt es heute nur auf kurzen Straßenabschnitten Radwege, auf denen ich mich dann aber deutlich wohler fühle, als in unmittelbarer Begleitung deutscher Autofahrer.

Es gibt ja diesen unausgesprochenen permanenten Krieg zwischen Auto- und Radfahrern in unserem Land. Ich habe schon Militante auf beiden Seiten erlebt und möchte mich an solcher Art Kraftgemeier nicht beteiligen, aber auch nicht behelligt werden. Als visuelles Zeichen meiner Unterlegenheit habe ich ein schon von weitem sichtbares neongelbes Regencape über den Rucksack gezogen und versuche stoisch und ohne Schlenker außerhalb der weißen Linie am Straßenrand geradeaus zu fahren. Manchmal spüre ich den Luftzug knapp an mir vorbeischießender Autos. Ich denke dann an Spanien, wo ich erstmals Verkehrsschilder sah, die einen seitlichen Abstand von 1,5 Metern zu Radfahren vorschreiben und an die dortigen Autofahrer, die deutlich respektvoller und vorsichtiger mit den zweirädrigen Pedalisten umgehen. Sie halten sich an die Vorschriften und fahren, wenn der Platz nicht reicht, auch mal 200 Meter hinter dir her.

Mit der Stadt Barby in Sachsen-Anhalt erreiche ich heute endlich die Saale und um 16:30 Uhr auch mein Privatzimmer in Calbe.

Heute ist großer Waschtag, denn ich habe bei meiner Gastgeberin im Garten eine leere Wäschespindel entdeckt. Die nette Dame staunt nicht schlecht über meinen „Wäscheberg", hat aber Verständnis und lässt mich gewähren. Danach geht es in Freizeitbekleidung in die Stadt zum Italiener. Heute brauche ich ganz viele Nudeln! Und beinahe hätte ich bei all den Routinearbeiten vergessen, meinem Freund Gerhard zum Geburtstag zu gratulieren! Es wird wohl eine Weile dauern, bis wir uns wiedersehen ...

Am Abend schaue ich endlich mal Nachrichten im Fernsehen, mich interessieren insbesondere die aktuelle politische Lage an meinem Zielort Istanbul und das Wetter natürlich.

Die Wäsche ist schon trocken ...

28. August 2017   Calbe - Naumburg

Da es bei meiner Gastgeberin nur ein Bed und kein Breakfast gibt, stehe ich um 6:30 Uhr auf, packe und radele zum nahe gelegenen Edeka-Markt. Das dort angebotene Morgen-Menü ist aber energetisch nicht so gehaltvoll und muss schon kurze Zeit später mit zwei Bananen ergänzt werden. Die Saale ist landschaftlich mit ihren Mäandern traumhaft schön, besonders am Mor,gen wenn der Nebel noch vom Fluss aufsteigt und die Vögel im Spätsommer zwitschern. Ich genieße die Fahrt am Ufer entlang. Allerdings verlängert sich natürlich die Strecke und es kostet Zeit. Irgendwann später am Tag programmiere ich mein Navigationsgerät auf eine gerade und formell kürzere Strecke um – und muss zur Strafe nun viel auf Landstraßen und dazu noch Umwege und zusätzlich Berge fahren. Das war jetzt wenig

Marktplatz Naumburg

hilfreich und soll mir eine Lehre sein. Auf dem Papier sieht immer alles viel einfacher aus.

An meinem heutigen Tagesziel Naumburg komme ich mit einer abschließenden genialen 60 km/h Abfahrt an. Bloß nicht bremsen und die ganze Energie des Aufstiegs dabei in Wärme umsetzen!

Als Flachlandradler bin ich mit den heutigen 132 Kilometern und 735 Höhenmetern aber wieder an meine physischen und mentalen Leistungsgrenzen gekommen. Weißbier und Dusche helfen mir heute nur bedingt. Ich bin völlig ausgepowert. Erst nach dem Abendbrot mit Thüringer Klößen geht es mir besser. Ich habe mich offensichtlich wieder in ein Energiedefizit gefahren. Man muss sich auch während der Fahrt zwingen immer eine Kleinigkeit zu essen.

Am Abend gesellt sich dann noch ein dienstreisender Edeka-Angestellter zu mir. Bei einem weiteren Bier erzählen wir uns abwechselnd unsere Reisegeschichten. Er war früher auch so ein kleiner Abenteurer und passionierter Radfahrer, hätte gern meine augenblickliche Freiheit, um mit seinem Sohn auch eine solche Tour zu fahren ...Ich kann ihn nur darin bestärken und rate ihm, nicht zu lange zu warten!

29. August 2017   Calbe - Ziegenrück

Heute muss ich es ruhiger angehen lassen und nicht so viele „Abkürzungen" nehmen. Meine permanenten Umprogrammierungen des Navigationsgerätes bringen mich immer wieder in problematische Situationen. Da habe ich mir an der Saale mangels Sehkraft, es sind aber zwei Brillen vorrätig, bei zwei zur Auswahl stehenden alternativen Strecken gleich die Bergetappe eingefangen, blöd...
Zum Schluss, natürlich wieder mit „Abkürzungen", stehen 108 Kilometer und für mich „sagenhafte" 978 Höhenmeter auf der Uhr, als ich in rasanter Endabfahrt über wohl drei Kilometer am Hotel „Zur Fernmühle" in Ziegenrück ankomme. Wow, das hat mal richtig Spaß gemacht!
Am nächsten Morgen werde ich dann definitiv begreifen, dass jeder Bergabfahrt wieder eine Bergauffahrt folgt

Der idyllisch gelegene Gasthof „Zur Fernmühle" in Ziegenrück

und selbstredend umgekehrt. Nach Verinnerlichung dieser Binsenweisheit, sehe ich fortan einer Abfahrt mit gedämpftem Optimismus entgegen, schließlich geht's danach wieder bergan! Diese banalen Erkenntnisse finden erst jetzt aufgrund der resultierenden Kraftanstrengungen und notwendigen Planung der Reserven Eingang in mein Hirn. Auf dem Papier sah alles ganz einfach aus.

Ich bekomme ein preiswertes und ausgesprochen geräumiges Zimmer mit Flussblick! Fenster auf und Wäsche waschen und trocknen! Das Hotel ist sehr idyllisch am Wasser gelegen und war der Tipp einer Restaurant-Chefin bei einem Zwischenstopp vor 20 Kilometern … Schön, dass die Unternehmer hier im Osten Deutschlands so respektvoll miteinander umgehen und gegenseitige Empfehlungen aussprechen.

Wider Erwarten ging es mir nach einem alkoholfreien Hefeweizen und späteren zwei Gläschen Silvaner aus heimischer Ernte, sowie Rostbräteln wieder gut. Die Energie kehrt langsam zurück, man fühlt sich glücklich und stolz, das Etappenziel erreicht zu haben, auch wenn immer noch alle Muskeln schmerzen. Ich lass den Tag noch einmal vor meinem geistigen Auge Revue passieren, hier direkt am Ufer der Saale – sie rauscht wild an uns vorbei – ein schöner aber harter Tag heute! Es wird langsam Nacht und hinter mir am Fluss schreien die Reiher …

Erst den „Ferryman" mit der Glocke wecken, und nach der Überfahrt bezahlen! (frei nach Chris de Burgh)

Sehenswert – die überdachte Holzbrücke über die Saale bei Burgh

30. August 2017   Ziegenrück - Blankenstein

Ich finde trotz teurem Navigationsgerät nach dem Frühstück zunächst den richtigen Weg nicht. Also „Reset" –das Navi rechnet und rechnet ... nach einer gefühlten Ewigkeit hat der Satellit mich wieder und ich kann endlich los!

Nun bin ich definitiv in den Bergen und möchte mir aufgrund meiner fehlenden Bergfestigkeit – Mecklenburg hat schließlich nur Hügel – nicht erforderliche Höhenmeter ersparen. Aber ein Abweichen von der heruntergeladenen Navigationsroute kommt mittlerweile für mich nicht mehr in Frage. Schließlich habe ich die Route entlang der Flüsse extra gewählt, um den Test meiner Bergfestigkeit zu umgehen! Ich sollte mich gründlich getäuscht haben. Aber der Reihe nach.

Zunächst lässt es sich gut an und ich bin frohen Mutes, fahre alleine in der Morgensonne die wunderschöne Route entlang der Saale ... Aber dann beginnt schon ab Tageskilometer 8 das Drama. Obwohl ich dem ausgewiesenen Radweg und damit den Mäandern der Saale folge, ist unübersehbar, wo ich mich befinde – im Thüringer Schiefergebirge! Ich glaube, ich hasse Berge! Ich kämpfe mich Steigungen von zunächst 7 Prozent, dann 12 und sogar 16 Prozent hinauf! Der Schweiß brennt in meinen Augen und tropft auf den Karbonrahmen, die Beine brennen ... Dazu fahre ich nun auf übelsten Schotterpisten, die weder aufwärts noch abwärts mit meinem Rennrad zu bewältigen waren und den Namen „Radweg" meines Erachtens nicht verdienen. Bei auch heute wieder bis auf 32 °C steigenden Temperaturen ist nach Kilometer 47 und 747 Höhenmetern Schluss! Ich bin als Flachlandradler physisch und psychisch hier definitiv am Ende. Stopp! So geht's nicht mehr weiter!

Eine Zeitungskioskverkäuferin in Blankenstein ist meine letzte Rettung, spendet Wasser (meine zwei Liter waren schon lange verbraucht) und Schokolade, um den Zuckerspiegel wieder ins Lot zu bringen. Mein bedauernswerter Anblick muss ihr Herz erweicht haben. Ich sitze mit hängenden Schultern da, mein Puls beruhigt sich nur langsam. Ich denke nach...

Die Schilder nebenan deuten auf den hiesigen Beginn bzw. das Ende des Rennsteiges und ersticken sofort die aufkeimende Hoffnung auf eine flachere Folgestrecke.

Nur wenige Minuten später strandet eine Tourenradlerin, aus der Gegenrichtung kommend und ebenfalls völlig erledigt, am Kiosk. Sie nimmt neben mir Platz, wird ebenso empathisch „notversorgt" und berichtete mir von „dramatischen Bergen", die sie heute passierte und die somit noch vor mir liegen! Nachdem sie meine Version der heutigen Tagesstrecke gehört hat, fassen wir beide den gleichen Entschluss: Abbruch! Schluss für heute! Es wird umdisponiert. So geht es nicht weiter, zumal für morgen auf dem geplanten Fichtelnaab-Radweg Dauerregen angesagt ist. Das Fahren dort könnte mir auf dem Rennrad unmöglich werden. Das alternative Schieben des Rades im dann zu erwartenden Matsch bedeutet zu viel Zeitverlust. Ich muss mich entscheiden. Ich kann mich hier in den Bergen nicht aufreiben, der Weg nach Istanbul ist noch weit! Nach kurzer Internet-Recherche fällt mein Entschluss mit Bus und Bahn über Naila nach Regensburg zum Donaueinstieg zu gelangen. Da kommt schon der Bus! Ich verabschiede mich hastig von meiner Leidensgefährtin, wünsche ihr viel Erfolg und los geht's. Das Bayernticket der Deutschen Bahn für 25€ ab Naila, in die ich hier umsteige, ist ein Tipp vom Schaffner, der sogar die Koffer der Passagiere mit auslädt – die DB mal ganz kundenorientiert!

Nachdem ich Regensburg um 19:05 Uhr erreiche, radele ich noch schnell zum Media-Markt, um ein kleines Handystativ zu erstehen und dann weiter zu meinem eher einfachen Hotel. Der Standard ist tatsächlich bescheiden, aber es gibt einen Biergarten im Innenhof, jede Menge Spätzle und ein tolles Hefeweizen aus der hiesigen Brauerei – frisch vom Fass! Das brauche ich heute wirklich, bin ein bisschen ausgelaugt und auch geknickt ...

Ja, ich wollte die Strecke mit dem Rad fahren und nicht mit der Bahn! Und nun muss ich mir eingestehen, diese Etappe nicht geschafft zu haben, es waren einfach zu krasse Rahmenbedingungen für mich Hobbyradfahrer. Aber ich habe richtig gehandelt, die Risiken und das Zeitmanagement im Auge behalten. Worum geht es denn hier? Ich fahre doch kein Rennen! Dennoch wird es so etwas nicht noch einmal geben, nehme ich mir vor.

Da ich heute erhebliche Probleme beim Ausklicken aus den Cleats hatte und deshalb zweimal beinahe umgefallen wäre, stelle ich diese abends noch neu ein.

Ja, warum fährt man überhaupt mit solchen Klick-Pedalen? Weil sie neben den überschaubaren Risiken einige erhebliche Vorteile bieten! So hat man eine deutlich bessere Kontrolle über das Rad, eine optimale Fußposition auf dem Pedal, kann Hindernisse überspringen und nicht von den Pedalen abrutschen. Daneben gibt es einen direkten Kraftschluss, man kann treten und ziehen und kommt somit dem runden Tritt als effektivstem Krafteinsatz auf dem Rad näher. Somit ist es möglich, eine höhere Kadenz – also Kurbelumdrehung – zu fahren und damit ökonomischer voranzukommen. Das Ausklicken ist schnell verinnerlicht, es funktioniert nämlich ähnlich wie beim Ski, eine kleine Drehung im Fußgelenk genügt für die Freigabe. Na gut, lange Wanderungen kann man

Den 43 Meter hohen Saaleturm bei Burgk kann ich mit meinen müden Beinen nicht erklimmen, ich bin froh, die Bergkuppe erreicht zu haben!

mit den erforderlichen Spezialschuhen natürlich nicht machen ... auch auf Parkett in Museen kommt das nicht so gut! Abends falle ich dann völlig erschöpft und todmüde ins Bett. Morgen wird alles besser ... muss ja!

31. August 2017   Regensburg - Deggendorf

Am Morgen gönne ich mir noch einen kurzen Trip durch Regensburg. Selfie-Versuch mit Dom. Eine wirklich sehenswerte Altstadt. Dann geht's ab über die älteste erhaltene Brücke Deutschlands, die Steinerne Brücke (1135 n.Ch.), heute aber restaurationsbedingt komplett wie von Christo verpackt, auf die Nordseite der Donau

Die Donau bei Deggendorf

… Tolles Wetter! Zugegeben, ein Regengebiet in Sichtweite hinter mir, aber Rückenwind, der mich bis nach Deggendorf weht. Dazu ein Radweg vom Feinsten – quasi eine Autobahn für Radler – keinerlei Steigungen! Ich bin wieder versöhnt nach dem gestrigen Dilemma und genieße es, mit 35 km/h dahinzusegeln. Doch alles richtiggemacht! In den Nachrichten habe ich gehört, dass es hinter mir wie aus Eimern schüttet, da wäre ich jetzt mittendrin!

Ich bin heute so euphorisch, dass ich nach einer Pause sogar meinen Rucksack auf der Parkbank stehen lasse. Ich fühle mich aber danach so leicht und schnell, dass mir der Fehler schon nach 300 Metern auffällt. Nun gut, für die Unkonzentriertheit gibt's eine kurze Gegenwindstrecke zur Strafe. Das hätte auch deutlich unangenehmer ausgehen können!

Jetzt fallen mir die Worte meines Freundes Jörg wieder ein, der mit dem Rad die Strecke Wien–Passau – also die Gegenrichtung – absolvierte und permanent mit dem Gegenwind zu kämpfen hatte. Er hatte mir das sehr eindringlich geschildert, sodass ich heute wirklich dankbar für die Witterungs- und Straßenverhältnisse bin. Der Gegenwind ist für Radfahrer immer ein harter Trainingspartner. Natürlich nur, wenn man Lust auf ein Training hat! Auf einer Langstrecke ist das aber eher selten der Fall. Ich hatte mein Rad deshalb vorher vorsorglich auf aerodynamisch getrimmt.

Unnötige Anbauten wurden entfernt, eine Rahmentasche angebaut und auf die üblichen Packtaschen bekannter Premium-Hersteller verzichtet. Auch das Fahren im Unterlenker hatte ich zu Hause trainiert. Aber heute hätte man ja echt ein Segel benutzen können!

Nun kommen mir auch die ersten Flussschiffe auf der Donau entgegen. Auf der Elbe war zu meiner Verwunderung hingegen kaum Schiffsverkehr. Ich schaffe es heute bis Deggendorf, verbummle aber eineinhalb Stunden mit der Hotelsuche. Dafür finde ich abends eine urige bayrische Wirtschaft und es gibt klasse Kartoffelsuppe und Bandnudeln mit Pilzen – eine Delikatesse! Der Regen hat mich abends allerdings eingeholt und wird mich wohl die nächsten Tage begleiten ...

01. September 2017 Deggendorf - Inzell

Meteorologischer Herbstanfang! Die Wolken stehen tief, Dauerregen den ganzen Tag, dazu Schotter und Matschwege! Ich sehe aus wie ein Erdferkel. Wenigstens hat sich das Investment in die Funktionsbekleidung gelohnt, die funktioniert wirklich! Na gut – bis auf die nassen Füße. Durch die auf der Schuhunterseite montierten Cleats, gibt's dort eine Schwachstelle, durch die Wasser eindringt. Die auf der Sohlenseite ebenfalls offenen Neopren-Überzieher ändern daran naturgemäß leider nichts. Den ganzen Tag nasse aufgeweichte Füße zu haben, muss ich daher hinnehmen. An einer Auto-Waschstraße kurz vor Passau greife ich zum Äußersten, schmeiße Kleingeld in den Automaten und kärchere mich und die Maschine von oben bis unten ab! Man darf getrost davon ausgehen, dass mir sonst aufgrund meines zweifelhaften Erscheinungsbildes überall der Eintritt verwehrt worden wäre. Der Anblick muss wohl ein lustiges Bild für die anwesenden Autofahrer gewesen sein ... „Der mit dem Schlauch tanzt!"

Ich erreiche Passau im Dauerregen, da macht die Stadtbesichtigung nicht ganz so viel Spaß. Aber ich finde eine kleine Schenke am Ufer der Donau. Es gibt eine heiße Suppe zum Aufwärmen und ein alkoholfreies Hefeweizen zur Motivation, die witterungsbedingt etwas gelitten hat. Aber ich halte es in der vollbesetzten Kneipe mit entsprechender Geräuschkulisse nicht lange aus und breche bald schon wieder auf. Die vielen lautstarken Touris hier beginnen zu nerven … und dann noch dieser belehrende Ton bei den Ost-West-Diskussionen am Nachbartisch... nicht auszuhalten! Und das 28 Jahre nach der Wiedervereinigung. Also trotz Regens aufraffen, wieder aufs

Rad und weiter. Wie erwartet sind die Radwege nun sehr gut ausgebaut und die Landschaft sehenswert. Viele Fotos sind witterungsbedingt heute natürlich nichtmöglich. Das Handy bleibt sicherheitshalber in der regendichten Jacke. Zudem ist es mit den permanent nassen und kalten Händen eh nicht bedienbar. Mein Fingerprint-Login wird nicht akzeptiert!

Gruselwetter abends...   *...der neue Tag stimmt optimistisch!*

Es ist kühl geworden, 16 Grad noch. Heute schaffe ich 106 Kilometer und lande, nachdem ich mit einer kleinen Rad- und Personenfähre als einziger Fahrgast übergesetzt werde, auf der Südseite der Donau bei Schlögen, direkt vor dem selbst bei diesem Sauwetter landschaftlich reizvollen Donauknie. Der Fährmann fragt vor dem Ablegen, ob ich noch andere Radler gesehen hätte, sein Geschäft liefe heute schlecht. Habe ich nicht, wen wundert es ... Meine Gegenfrage, ob es neben den hier am Flussufer sichtbaren großen Hotels noch kleinere in der Nähe gibt, bejaht er und empfiehlt den Gasthof Reisinger in vier Kilometer Entfernung. Das schaffe ich noch!

Die Wolken stehen schon zum Anfassen tief, als ich vor Nässe und Schmutz triefend an die verschlossene (!) Tür der Pension klopfe. Bitte nicht, es wird doch nicht geschlossen sein? Es dauert eine beängstigende Weile, bis mir eine ältere Dame schlurfend, in Pantoffeln und mit einer Kittelschürze bekleidet die Tür öffnet. Sie mustert meinen bemitleidenswerten Aufzug von oben bis unten, nickt, schickt mich jedoch nicht weg, sondern umgehend zum Umkleiden und Trocknen in den Heizungsraum. Hier ist es wohlig warm! Klammern und Bügel stehen zur Verfügung! Noch schnell die Schuhe mit Zeitungspapier ausgestopft und rasch in den Gastraum! Dort wird als Willkommensgruß „G'spritzter" angeboten, ein typisch österreichisches weinhaltiges Getränk. Ach ja – ich bin ja nun in Österreich – meinem zweiten Reiseland!

Von der urigen, sehr liebenswerten Wirtin erfahre ich, dass ich heute ihr einziger Gast bin, alle anderen Reservierungen seien witterungsbedingt storniert worden. „Doa geb i di moai scheenstes Kabinett!" Sie offeriert mir ihre „Donausuite" mit Balkon und Flussblick für den Preis von 31€, inklusive Frühstück. Ich bin begeistert!

Der Blick aus dem „scheensten Kabinett" auf die Donau

Nach einer heißen Dusche schaue ich wieder wohlgelaunt in den Gastraum, in dem sich erstaunlicherweise eine dreiköpfige Senioren-Radlertruppe aus Hamburg eingefunden hat. Dazu gesellt sich ein österreichisches Rentnerehepaar, das mir nach Ungarn – allerdings zur Kur – vorausfährt. Na gut, aber die „Suite" ist für nen Sonderpreis schon weg!

Es wird ein gemütlicher und geselliger Abend. Die bestimmt 80-jährige Wirtin erzählt in ihrem unnachahmlichen österreichischen Dialekt über ihr Leben am Fluss im Wechsel der Jahreszeiten. Und anhand der im Gastraum hängenden authentischen Fotografien lässt sie die alte Zeit wieder auferstehen, damals bevor der Staudammbau den Wasserstand hier über satte 12 Meter anhob.
Es wird einfache Hausmannskost serviert und natürlich Palatschinken. Obwohl ich ihn nicht bestellt habe, be-

komme ich den Rest aus der Pfanne – „Des passt scho-an!" Die Stimmung wird ausgelassener bei „G'spritztem" und „Kriecherln"-Schnaps. Letzterer selbstgebrannte Obstler schmeckt tatsächlich vorzüglich. Alle probieren noch einmal und loben den Pflaumenbrand. Unsere Wirtin belehrt uns jedoch erneut, das seien keine Pflaumen, sondern Kriecherln! Noch nie gehört! Wir erfahren von ihr, die kirschgroßen Früchte heißen Kriecherln, weil man sie auf allen Vieren kriechend vom Boden aufsammeln muss. Ach so, na klar, logisch! Die Ernte falle übrigens seit vier Jahren deutlich umfangreicher aus. Auf Rat des kleinen Enkels prangt nämlich seither im Baum ein Schild „Frisch gespritzt!" und prompt lassen die Radler zur Erntezeit nunmehr die Finger davon! Wir schütten uns aus vor Lachen! Alle erzählen nun ihre Geschichten und ich erfahre, dass die anderen Gäste nicht zum ersten Mal eine Tour an der Donau entlang machen. Im Übrigen auch das rüstige Rentnerpaar an meiner Seite noch vor einigen Jahren – mit stolzen 85 Jahren!

Bierradweg bei Vilshofen - welch Motivation bei diesem Wetter!

02. September 2017   Inzell - Grein

Ich habe gestern meine SIM-Karte auf das Prepaid-Modell gewechselt und damit eine neue Telefonnummer. Bin damit quasi für Uneingeweihte jetzt unerreichbar. Aber ich brauchte für notwendige Recherchen und Reservierungen ein höheres Daten- und Telefonvolumen, als es mein bisheriger Vertrag hergab.

Nach dem Frühstück fährt meine Hamburger Truppe nach Passau zurück, von wo heute – wie mir eindringlich versichert wird – Hunderte von Radlern in Richtung Wien starten. Na, dann werde ich mal versuchen, meinen Vorsprung zu sichern und rasch weiter nach Linz fahren.

Mit einer Gierfähre werde ich später wieder auf die Nordseite übergesetzt, genial einfache und ökologische Technik! Die Fähre wird an einem hoch über den Fluss an Pylonen gespannten Seil, nur durch die Wasserströmung und die Einstellung des Ruders gelenkt, an das jeweilig andere Ufer geführt. Linz erreiche ich mittags, es gefällt mir aber auf den ersten Blick und bei Regen nicht sonderlich. Auch auf den zweiten nicht! Also gibt es nur eine kurze Pause mit Tee und Tomatensuppe zum Aufwärmen und weiter geht es. Bei derartig miesem Wetter muss man fahren, sonst wird's einem rasch kalt ...

Mal regnet es, mal kämpft sich die Sonne durch – ich muss mich dauernd umziehen. Das nervt! Ausklicken, anhalten, Rucksack abschnallen, Klamotten an- oder ausziehen, neu verpacken, Rucksack wieder umschnallen und los. Es dauert keine halbe Stunde und das Theater geht von vorne los – so kommt man natürlich nicht voran. Aber selbstredend will ich weder von draußen noch von drinnen so richtig nass werden. Das wiederum bedeutet, immer das zum aktuellen Klima passende

Outfit zu tragen. So, Schluss mit dem Gejammer!

Froh bin ich hingegen über meine Entscheidung, noch kurz vor dem Tourenstart auf die Four-Season-Bereifung von Continental gewechselt und funktionierendes Regenzeug gekauft zu haben. Meine häufigen Schlauchdefekte im heimatlichen Terrain waren nervend und der Auslöser. Zuletzt klappte der Wechsel dann schon unter zehn Minuten – ohne Luftpumpen! Mit der Minipumpe (Gewichtsersparnis!) dauert es nicht nur eine halbe Ewigkeit die fünf Bar Druck auf die Reifen zu bekommen, man kriegt auch superdicke Oberarme. Die neue Bereifung ist zwar etwas schwerer als mein bisher genutztes Rennradmaterial, hat aber auch bei Regen einen fantastischen Grip und ist definitiv erheblich pannensicherer. Ich werde bis zum Ende der Tour nicht eine einzige Reifenpanne zu beklagen haben! Die drei Reserveschläuche, Flickzeug und CO_2-Kartuschen (Schluss mit Pumpen!) habe ich allerdings als Ballast bis zum Ende der Reise mitgeschleppt.

Mit dem nachlassenden Regen sind nun erstmalig einige schwer gepäckbeladene Radlertruppen in meiner Richtung unterwegs, die ich mit meinem Leichtgewichts-Setup problemlos überholen kann. Um noch ein Zimmer zu bekommen mache ich gegen 16:00 Uhr in Grein nach 114 Kilometern und 175 Höhenmetern Schluss für heute. Glück gehabt! Kaum war ich drin, schüttet es draußen wieder. Fahrradpflege, Technik aufladen, Wäsche waschen, Duschen und jetzt noch eine originelle Kneipe für den Abend und etwas zu Essen finden … Hab ich! Klosterkneipe, Bauernschnitzel und G´spritzter! Das passt doch heute.

Eine junge Mutter mit ihrer achtjährigen Tochter und einem frisch gewonnenen Pokal in den Armen kommt in die Klosterkneipe. Den wollen die Beiden stolz dem Papa präsentieren. Der sitzt in großer Männerrunde, biertrinkend am Nachbartisch und würfelt. Nur ein kurzer Augenblick der Aufmerksamkeit ... dann wendet er sich wieder seinen Freunden zu. Enttäuschung! Aber schon sitzt die Kleine mit Mutti bei den Klosterwirtinnen am Stammtisch und feiert ihren Erfolg mit bereits wieder strahlendem Gesicht! Immer mehr Leute strömen herein, es wird laut und ausgelassen im Gasthaus. Noch etwas später ist es gerammelt voll. Es wird Fußball geschaut, nebenan sogar getanzt, gequatscht, gefeiert ... Zu mir gesellt sich ein Schwabe und wir palavern über die hiesige Geselligkeit, das Radfahren und die bewegenden Fragen des Lebens ...

Eine Gierfähre auf der Donau

Blick auf Linz

3. September 2017   Grein - Tulln

Es wird heute schon wieder ein Regentag sagt die Wetter-App und ich mag gar nicht aufstehen. Kurz vor acht bin ich erst beim Frühstück und das Sachenpacken läuft auch deutlich verlangsamt ab. Ich habe heute ein kleines Motivationsproblem. Zum ersten Mal! Bisher habe ich es auf der Fahrt genossen, völlig selbstbestimmt entscheiden zu können, wie mein Tag abläuft. Eben ganz anders als im sonstigen beruflichen Alltag mit seinem ständigen Termindruck. Und so fiel es mir leicht, morgens früh aufzustehen und in den Tag zu fahren. Und auch das Ungewisse gefiel mir. Nie zu wissen, was der Tag bringt und wo man am Ende anlangen wird... Heute muss ich mir das erste Mal einen Ruck geben, um in die Spur zu kommen. Es liegt wohl am Wetter, das macht depressiv! Aber irgendwann wird es sich ja auch wieder ändern, das ist mal sicher! Also komm!

Das Kloster Melk im Dauerregen, belagert von Flussgastschiffen

Alle Radler wechseln mit der Fähre auf die andere Donauseite. Ich bleibe auf der hiesigen und nehme 20 Kilometer straßenbegleitenden Radweg im Dauerregen in Kauf. Für die Schönheit der Natur hat man bei diesem Wetter sowieso kein Auge und keine Muße. Dafür geht es hier schneller voran. Erst nach 50 Kilometern Regenfahrt gönne ich mir zum Aufwärmen eine Tee-Pause in einem kleinen, um die Mittagszeit aber gut besuchten, Wirtshaus. Schon draußen befreie ich mich vorsichtshalber vom wenig ansehnlichen Regenzeug und werde dann auch nicht abgewiesen. Draußen regnet es jetzt in Strömen. Aussitzen? Nein, es hilft nichts, ich muss – nein eigentlich will ich ja weiter. Also wieder regendicht verpacken und los! Das sehenswerte Benediktinerkloster Melk (17. Jahrhundert) erhebt sich auf der gegenüberliegenden Donauseite aus den Regenwolken. Die eigentlich avisierte Besichtigung fällt aus, ich sehe die Bus- und Schiffsladungen von Touristen vor dem Kloster und wenn ich an mir heruntersehe, bezweifle ich, dass ich eingelassen werde…

Die anhaltenden Regenmengen haben Folgen, die Pegel steigen, es gibt Hochwasser und am Staudamm sieht man Wassermassen herunterschießen. Meine geplante Exkursion ins Weinhinterland scheitert an den seit Mittag komplett überfluteten Radwegen dorthin. Man hatte über Nacht die Schleusen geöffnet und eine Versenkung der Radwege billigend in Kauf genommen. Zwar hätte mich ein Angler mit seinem Boot hinübergebracht, den ich angesprochen hatte, aber er rät mir wegen der unsicheren Wasserverhältnisse mit fraglichem Rücktransfer ab. Ich höre auf seinen Rat. Also muss ich die Zubringerstrecke 5 Kilometer zurück!

Blick in die Weinberge

Natürlich sehe ich noch Weinreben, probieren kann ich die sehr gelobten lokalen Tropfen hier aber leider nicht.

Auf den nachfolgenden Kilometern verziehen sich die Wolken, endlich etwas Sonne! Aber Unterkünfte finden sich nicht. Und ausgerechnet diesmal habe ich nichts vorgebucht. Ich muss noch etwas drauflegen und heute 137 Kilometer und 295 Höhenmeter fahren, bis Tulln erreicht ist. Dort finde ich ein Youth-Hostel, das auch für meinen Jahrgang offene Türen bietet. Aber okay, für 38€ in modernen mit Doppelstockbetten ausgestatteten Zimmern gibt's nichts zu meckern. In Einzelbelegung nicht zu vergessen. Und genug Platz zum Aufhängen der Kleidung bieten sie auch – heute ist wieder Waschtag! Alles vollgespritzt und schlammig vom Regen – also richtig Arbeit! Und dann war da ja noch diese Umleitungsstrecke mit grobem grauen Schotter und Lehm. Ich darf froh sein, dass ich heute hier überhaupt eingelassen wurde! Das ist dann der Preis für den gewichtsbedingten Verzicht auf die Schutzbleche. Aber für den Gewichtsvorteil und die bessere Optik muss man halt Opfer bringen ...

Nach der üblichen Online-Recherche zum Wetter und dem Überprüfen der Route für den nächsten Tag bleibt noch Zeit für ein schnelles Abendbrot im Wirtshaus.
Ich stehe tatsächlich nur noch 45 Kilometer vor Wien, unglaublich! Ich staune über mich selbst. Bis hierher habe ich doch tatsächlich schon 1100 Kilometer zurückgelegt und damit ein Drittel der Tour absolviert!

4. September 2017   Tulln - Hainburg

Der Speisesaal in meiner Jugendherberge, in dem es heute Frühstück gibt, sieht aus wie eine Schulaula, sodass ich mich in meine Schulzeit zurückversetzt fühle. Das Essen ist durchaus reichlich und wirklich in Ordnung. Sogar hartgekochte Eier gibt's am Buffet. Na klar, das Geschirr muss man selbstredend allein an die Spüle zurückstellen.

Das Publikum um mich herum ist aber doch deutlich jünger als ich und international. Sogar japanische Jugendliche fehlen hier nicht, essen mit der einen Hand, während die andere permanent mit dem Handy spielt. Reden tut in der Gruppe keiner mit dem Nebenmann. Wohin entwickeln wir uns da eigentlich?
Vor allem aber ist das Wetter heute wieder prachtvoll mit strahlend blauem Himmel und wärmender Sonne, als ich das Hostel und später die Römerstadt vorbei am Denkmal des Marcus Aurelius verlasse. Also auf geht's, rauf auf die Fahrrad-Autobahn an diesem wunderschönen Morgen entlang der Donau, die immer noch Hochwasser führt. Die Radwege waren offensichtlich durch die während der Nacht erneut geöffneten Donauschleusen überschwemmt, überall liegt Treibholz. Immerhin sind sie passierbar. Also schön vorsichtig fahren, eine Reifenpanne schon am frühen Morgen muss ja nicht sein. Als ich an einem Bootsanleger vorbeikomme, sehe ich aus dem Augenwinkel, dass bereits angelandete Yachten abgekärchert werden und mir kommt eine Idee! Genau, das mach ich! Schnell zurück. Ich nutze die Gelegenheit, um auch mein total verdrecktes Rad vorsichtig zu säubern, was dank der freundlichen Leihgabe der Österreicher rasend schnell gelingt! Danach schwing ich

mich frohgestimmt wieder auf die Maschine, trete kräftig an und übersehe promt einen im Schatten der Bäume gut getarnten Asphaltbuckel auf der Radpiste. Der schlägt mir glatt den Lenker aus der Hand, so dass ich das erste Mal auf der Tour unfreiwillig das Rad verlassen muss. Gott sei Dank bleibt am Rad alles heil, nur bei mir gibt es ein paar kleine Abschürfungen. Glück gehabt, hier hätte die Tour auch zu Ende sein können! Ich ärgere mich maßlos über meine Unaufmerksamkeit. Als der Schmerz nachlässt, fahre ich weiter und bemerke wenig später erstmals ein zunehmendes Knacken im Radlager. Oh nein! Als ich dann Wien über die schönen breiten Radwege der Donauinsel erreiche, nehmen die Störgeräusche zu. Ich mache mir Sorgen, schließlich will ich noch 2000 Kilometer durch Europa fahren. Also entschließe ich mich vorsichtshalber professionelle Unterstützung in einen „Specialized"-Radshop in Anspruch zu nehmen – wenn dann hier in Wien! Die Chancen stehen sicherlich besser als in Serbien. Tatsächlich liegt ein Concept-Store laut Online-Recherche nur unweit von mir, mitten im Zentrum von Wien. Dort angekommen bitte ich um den Rat eines Mechanikers, um das Problem zu analysieren und schildere auch kurz meine weiteren Tourpläne, um die Dringlichkeit meines Anliegens zu unterstützen. Erstaunlicherweise werde ich unter Hinweis auf mangelnde Reparaturkapazitäten bei „Specialized" rundweg abgewiesen! So viel zum Service beim Premiumhersteller! Ich mache große Augen. Nicht mal ein Blick zum Abschätzen eines möglichen Schadens sei möglich, eine Reparatur eh nicht! Sehr unfreundlich die Vertreter der Nobelmarke. Oder ist es die oft beschriebene österreichische Arroganz? Ich bin geplättet – was soll ich jetzt machen? Ich stecke in der Klemme. Ignorieren und weiterfahren, vielleicht ist es ja gar nichts Ernstes?

Vor dem Denkmal des Marcus Aurelius in Tulln

Das war er einmal - mein Radweg

Und wenn doch? Wenn ich dann – und bestimmt in der Provinz – ein spezielles Teil für mein Gravelbike brauche, ist die Fahrt sehr wahrscheinlich zu Ende! Nein, ich muss jetzt wissen, was los ist!

Ich nehme einen neuen Anlauf. Ein anderer Radshop in der Nähe ist umgänglicher und diagnostiziert einen Defekt am Radlager hinten! So könne ich nicht weiterfahren, würde womöglich einen Bruch riskieren, erklärt man mir. Und diese Spezialachse hätten sie leider nicht vorrätig, ich möge mich an das Markengeschäft weiter oben in der Straße wenden– na toll! Zurück zum „Specialized"-Shop, wo mir diesmal glücklicherweise ein Mechaniker über den Weg läuft, dem ich das ernsthafte Problem schildern kann. Und er hilft mir! Böse Blicke des Shop-verkäufers inklusive, da ich mich ja nun hintenherum ein-geschlichen habe...

Nach nur einer Viertelstunde halte ich mein repariertes Rad wieder in den Händen! Es war doch das Tretlager, es war locker und durch die Regenfahrt Wasser eingedrungen. Dadurch gab es knirschende Geräusche und über kurz oder lang hätte dieser Defekt einen Lagerschaden generiert. Es genügt eine Reinigung und Schmierung. Mit 40€ komme ich aus der Sache raus und kann nun beruhigt weiterfahren.

Jetzt habe ich zwar ein Problem weniger, finde dafür aber den Weg aus Wien heraus nicht und irre lange in der Innenstadt herum. Hätte halt doch das Navi benut-zen sollen, nichts mit super Orientierungssinn! Endlich ein Radweg über die große Brücke auf die Nordseite der Donau und nun läuft wieder alles wie am Schnürchen. Eine Klasse „Autobahn"- ich komme rasch voran. Aber dann stoppt mich plötzlich wieder das Hochwasser. Vie-le der Wege am Fluss sind gesperrt und ich muss eine große Umleitung fahren. Dort gibt es auch noch Gravelroad im Wechsel mit sehr grobem Asphalt, sodass das Fahren schwieriger und anstrengender wird. Kurzerhand wird die Tagesetappe auf 102 Kilometer bei eigentlich nicht erwähnenswerten 170 Höhenmetern verkürzt. Ich erreiche nun Hainburg an der Donau unmittelbar vor der slowakischen Grenze und finde schnell einen hübschen Landgasthof an der historischen Stadtmauer am Fluss.

Nachdem das Rad verschlossen und ich geduscht bin, setze ich mich in den Biergarten am Ufer der Donau und genieße die Sonne, den Ausblick und ein Bier. Die Strömungsgeschwindigkeit der Donau ist hier beachtlich, die auf Bergfahrt befindlichen Schiffe stehen nahezu ... Wunderbares warmes Sonnenwetter – es ist wirklich schön hier an diesem Spätnachmittag. Mein Hotel ist urig, rustikal und trotzdem gemütlich. Es erinnert an eine alte römische Taverne mit mehreren Innenhöfen und kleinen Zimmern. Technisch ist aber alles auf hohem Niveau, das Essen vorzüglich und die Bedienung sehr freundlich. Also fülle ich meine Energiespeicher jetzt mal ordentlich auf!

5. September 2017 Hainburg - Komaron

Gestern Nacht wurden die Schleusenstore der Donau wieder voll geöffnet, die Wassermassen schießen mit gefühlten 20 km/h an mir vorbei. Heute Morgen gibt es ein Superfrühstück – sogar mit Spiegeleiern. Eiweiß, das kann ich gut gebrauchen! Ich schmiere mir noch ein Reserveschnittchen für unterwegs.

Das Hotel wird von drei Frauen regiert, eine von ihnen ist sogar Bundesrätin. Alles sehr geschmackvoll eingerichtet im „Hotel zum Goldenen Anker". Und auch ein Gedichtband, Autorin ist eine der drei Damen, liegt im Zimmer... mal etwas zum Runterkommen. Auf der Fahrt nach Bratislava – in mein drittes Reiseland, die Slowakei – komme ich zunächst gut voran. Später verliere ich durch Unachtsamkeit meinen im Navigationsgerät programmierten Kurs. Statt zurückzuradeln, fahre ich nach Bauchgefühl weiter. Mit der Flussüberquerung der Donau lange ich auf der ungarischen Seite an. Die Straßenverhältnisse sind umgehend schlechter, ich muss mich auf Landstraßen – gefühlte alpine Buckelpisten – durchquälen. Beim Versuch querfeldein auf die Donau-Route zurückzukommen, stehe ich plötzlich quer vor einer Europastraße. Man kommt weder rauf, noch ist eine Querung möglich, Mist! Nun muss ich den ganzen Weg tatsächlich wieder zurückradeln! Gott sei Dank hält das Wetter, zudem herrscht über weite Strecken noch Rückenwind, das macht es erträglicher. Gefühlt geht der Weg nun kreuz und quer durch mein viertes Reiseland Ungarn. Wegmarkierungen sind nur spärlich vorhanden. Irgendwann stehe ich dann völlig entnervt sogar auf einem Friedhof! Dieses Navi schmeiß ich gleich weg! Okay, nimm es nicht persönlich, so fertig bist du noch nicht, hier gehörst du nicht her!

Ein entspannter Spätnachmittag am Donauufer

Das sehr einladende Hotel „Zum Goldenen Anker"

Und dann kommt sie, meine Rettung, kurz bevor ich demoralisiert aufgeben will! Drei jugendliche Radler – offensichtlich mit Ortskenntnis rollen an mir vorbei. Ich hänge mich in Sichtweite an sie heran. Nur 10 Kilometer zuvor hatte ich sie noch forsch überholt. Jetzt muss ich mich von ihnen quasi nach Komaron ziehen lassen – wie peinlich! Man trifft sich wirklich immer zweimal im Leben...

Da ich heute recht schnell ein kleines Hotel finde, kann ich mich auch umgehend um das Abendbrot kümmern. Nur 300 Meter entfernt befindet sich ein kleines ungarisches Lokal, indem ich meine Energiedefizite wieder auffüllen kann. Nun geht's mir wieder besser.

Am Ende eines Tages sind die Glykogenspeicher eigentlich immer leer und die Beine schwach. Man kommt in den Hungerast, wenn man unterwegs nicht regelmäßig kleine Mengen isst und dazu trinkt. Da muss man schon ein bisschen aufpassen, zumal ja sowohl die Streckenanforderungen wie auch deren Länge am Beginn eines jeden Tages nicht genau bekannt sind. Es gilt also, sich die Kräfte so gut es geht, einzuteilen. Mal klappt`s, mal nicht so gut. Da ich mit dem Essen während der Fahrt etwas nachlässig bin – obwohl ich mir immer wieder Besserung gelobe – stehe ich am Ende mancher Tage energetisch völlig ausgepumpt da. Dann schaffe ich es nur noch bis an den nächsten Restauranttisch und muss irgendetwas essen. Es dauert dann eine halbe Stunde bis der Brennstoff verstoffwechselt ist und die Lebensgeister zurückkehren...

Bratislava mit seiner auf dem Berg thronenden Pressburg

Györ- Marktplatz mit der St. Ignatius-Kirche

Am Ende der heutigen Tagesetappe stehen 152 Kilometer und 285 Höhenmeter auf der Uhr. Zwischenzeitlich konnte ich heute wegen mangelnder finanzieller Mittel in Landeswährung keinen Stopp zum Kalorienbunkern einlegen.

Gefühlt der härteste Tag der bisherigen Tour ...

6. September 2017   Komaron - Budapest

Heute geht es nach einem ungarischen Frühstück von neuem über die Brücke – jetzt schon Richtung Budapest. Die Strecke wurde als sehr schlecht beschrieben, sodass ich mir bei einer Gesamtlänge von 135 Kilometern Sorgen mache, ob ich mein Tagesziel heute überhaupt erreichen werde. Durch den Einbau einiger Straßenpassagen auf Bundesstraßen in die vorprogrammierte Route komme ich dann aber doch rascher voran als gedacht. Und wenn es richtig gut läuft, so wie heute mal wieder, hört man nur noch das leise Surren der Kette und gleitet mit 30 km/h in der Sonne dahin … Mehrfach muss ich die Donau mit zum Teil abenteuerlichen Fähren überqueren. Erstmals treffe ich an diesem Tag auf mehrere mir entgegenkommende Radfahrergruppen. Offensichtlich handelt es sich bei diesen um geführte Touren. Alle sehen wie Tourenfahrer mit uniformen Rädern aus und haben wenig Gepäck dafür in farblich identischen Packsäcken dabei. Der Rest wird sicher separat transportiert – komfortables Reisen „All inclusive“. Nur wenige Radler fahren hingegen in meine Richtung mit dem Strom. Heute überhole ich ein französisches Pärchen. Wir stoppen beide. Er spricht Deutsch und wir tauschen uns über die Strecke und Landschaft aus. Ein kleiner Schnack am Rande und ein Schluck Wasser bevor es wieder weitergeht ...
Besser werden die Straßenverhältnisse jedoch nun nicht, im Gegenteil. Insbesondere in direkter Anfahrt auf Budapest wird die Strecke ruppig, anders als nach meinen Recherchen beschrieben. Das schlägt wieder etwas auf die Stimmung und mein Hinterteil durch. Dafür ist das Wetter fantastisch! Es ist eben nie alles Gute beieinander. In der Stadt wird es dann wieder besser, es

Pizzeria in Budapest - die Pasta kann man sich im Schaukasten aussuchen

gibt Radwege und die sind jetzt von guter Qualität. Mein bereits unterwegs gebuchtes Hotel finde ich in Budapest trotz Navigationsgerät nur mit Mühe. Dabei stehe ich direkt davor! Übrigens ein sehr hübscher alter klassizistischer Bau, mit beeindruckenden Ornamenten, hohen Räumen, breiten Fluren und Blick in einen Innenhof. Der Grund, warum ich es nicht fand, lag in der Tatsache begründet, dass es sich in der 2.Etage befindet und die Beschilderung etwas dürftig ausgefallen ist. Das Rad muss ich natürlich mit nach oben auf den Balkon mitnehmen, alles andere ist in der Großstadt wohl als Einladung zum Diebstahl aufzufassen.

Budapest ist wirklich eine sehr schöne Stadt und ich nutze den späten Nachmittag, um sie zu erkunden und mir die Sehenswürdigkeiten im Zentrum anzuschauen. Zuletzt war ich in meiner Jugend hier, als Tramper. Und es hat sich so vieles verändert, ich erkenne die Stadt kaum wieder. Ich beschließe dann, hier einen Erholungs- und Kulturtag einzulegen. Unglücklicherweise ist mein Hotel für den Folgetag jedoch ausgebucht. Online-Recherchen zu einer im Umfeld gelegenen Alternative verlaufen frustran. Letztlich sind mir der Aufwand und auch die Preise zu hoch. Dann eben nicht, schade.

Am lauen Sommerabend gehe ich zu einem Italiener mit offener Küche und Sitzgelegenheiten auf dem Boulevard, sehr interessant. Ich habe mich an die Fersen eines italienischen Pärchens gehängt, die zielstrebig dorthin liefen und sich in Landessprache dann lebhaft auf dem Trottoir mit dem Koch unterhielten. Na wo die italienischen Lebenskünstler gut essen gehen, wird es mir wohl auch schmecken ... Tatsächlich, eine fantastische Pasta, perfetto! Ein optisches und kulinarisches Highlight!Auch nachts ist die Stadt total quirlig, alle Einwohner scheinen auf den Straßen zu sein ... Ich genieße das Nachtleben bei einem Glas Gavi di Gavi und schaue dem großstädtischen Treiben lange zu. Ach ja – heute sind es 136 Kilometer und 374 Höhenmeter geworden.

7. September 2017   Budapest - Solt

Heute war endlich mal Ausschlafen angesagt. Das Frühstück gibt es in einem dem Hotel angeschlossenen Thai-Restaurant – mal etwas ganz Neues und auch mal lustig.

Erst um 10:30 Uhr wird losgefahren, ich habe ja schließlich Urlaub! Heute also wirklich mal Luxus, sonst sitze ich ja meist um 8.00 Uhr schon auf dem Rad.
Aus Budapest heraus ist es ein langer und in den Außenbezirken wenig amüsanter Weg. Über das GPS finde ich heute zwar auf Anhieb die richtige Route, man muss in den großen Städten aber höllisch aufpassen, um die Abfahrten nicht zu verpassen und anschließend dann mühevoll wieder den Toureinstieg zu suchen.
Bereits weit vor Budapest waren mir auf den Asphalt gesprayte weiße Pfeile als Abbiegehinweise und sogar als Warnung vor gefährlichen Asphaltblasen und anderen Gefahrensituationen aufgefallen. Ich folgte Ihnen, was über weite Strecken äußerst hilfreich war. Mein Gefühl trog nicht, sie führten nach Budapest bis mitten hinein ins Zentrum. Das „Pfeilmännchen" hilft mir nun aber leider nicht mehr – vielen Dank dem aufmerksamen Sprüher, der den nachfolgenden Radlern sicher viele Umwege erspart hat!
Wie erwartet beginnen hinter Budapest eher schwierige Strecken mit Fahrten auf der Grasnarbe von Deichen und auf Splittwegen. Die Zeit der ausgebauten Radwege scheint jetzt endgültig vorbei zu sein. Der EuroVelo 6, ein europäischer Radwanderweg, nutzt nun vorwiegend bereits vorhandene Verkehrswege, die man sich mit dem übrigen Privat- und Berufsverkehr teilen muss.

Auch das Wetter ist heute schwierig, dauernd bedeckt, relativ kühl und es regnet ab und zu. Ich muss mich mehrfach umziehen. Mal ein langes, mal ein kurzes Trikot, dann Windweste oder gar Windjacke, wärmende Jacke, Regenzeug ... ich liebe es!

Im Prinzip braucht der Rennradler für alle sich verändernden Witterungsverhältnisse – gefühlt in 5° Celsius-Temperatur-Schritten – eine andere Kleidung, um bei der körperlichen Anstrengung weder zu schwitzen noch zu frieren. Die Industrie hält da allerdings für jeden Gelbeutel so einiges Farbenfrohes bereit!

Nun radele ich an einem Nebenarm der Donau entlang und staune nicht schlecht! Über mehrere Kilometer verteilt wird das Flussufer dicht an dicht von unzähligen Anglern bevölkert, einschließlich ihrer Zelte und Wohnwagen. Das Angeln muss hier wirklich viel Spaß machen und sich lohnen, auch wenn ich gerade keinen mit einem dicken Karpfen kämpfen sehe.

Vor einem heftigen Regenschauer rette ich mich in eine einfache Angler-Kneipe. Es findet sich jemand der Englisch spricht und mir klarmacht, dass ich mein anvisiertes Tagesziel, ein kleines Hotel in Dunaijvaros, von hier aus nicht erreichen kann. Es gibt keine Fähre zu dem Ort auf der gegenüberliegenden Seite! Na super! Jetzt rächen sich meine zeitlich bedingt gestern eher spärlichen Recherchen. Statt der vorgesehenen 70 Kilometer muss ich nun noch einmal 35 draufpacken, um in einen Ort zu kommen, in dem es angeblich Unterkünfte geben soll, er heißt Solt. Es resultieren 105 Tageskilometer bei allerdings moderaten 124 Höhenmetern.

Tatsächlich gibt es ein und auch nur ein Privatzimmer, an dem ich natürlich bergab vorbeigerast bin! Ich muss also noch mal zwei Kilometer zurück bergauf. Aber ich habe Glück, es ist frei, sehr komfortabel, gepflegt und preiswert. Das war knapp. Um 18:30 Uhr beziehe ich mein Quartier! Dann fahre ich erneut mit dem Rad die zwei Kilometer bergab zu einer kleinen Gaststätte, um mich zu versorgen. Auch dies ist die einzige weit und breit! Aber ich bekomme etwas zu essen, alles gut.

Auf diesem Abschnitt des Europaradweges fahren im Jahr nur ca. 300 Radler im Gegensatz zur Strecke Passau - Wien mit mehr als 300.000 Pedalisten. Folglich sind die Unterkünfte hier eher rar gesät, die touristische Erschließung ist sicher ausbaufähig. Aber Hotels und Gaststätten müssen auch wirtschaftlich betrieben werden und 300 Radler im Jahr sind da sicher nicht ausreichend.

Somit muss ich mich im Vorfeld nun besser organisieren, sonst lande ich im dümmsten Fall in einer Strohmiete mit ans Bein gekettetem Fahrrad und dem Rucksack im Arm! Also aufgepasst, möglichst zeitig losfahren, rechtzeitig ankommen und die Zeit für präzise Internetrecherchen nutzen! Es soll übrigens ungefähr 4-5 Stunden vor mir noch zwei Niederländer geben, die nach Konstanza am Ufer des Schwarzen Meeres unterwegs sind. Ob wir uns irgendwann treffen? Ich halte mal die Augen offen.

8. September 2017   Solt - Mohåcs

Heute bekam ich von meiner privaten Gastgeberin ein liebevoll zubereitetes, opulentes Frühstück mit Eiern, Obst, Gemüse, mit Käse überbackenem belegten Toast, Kaffee, Jogurt und selbst gebackenem Kuchen! Fantastisch! Leider musste ich es als einziger Gast auch völlig alleine einnehmen. Das ist schon komisch, alleine frühstücken in einem fremden Wohnzimmer ...

Das Wetter verwöhnt mich heute – wunderbar, nicht zu warm, sonnig, blauer Himmel – ein richtig schöner Herbsttag. Ich bewundere die Sonnenblumenfelder in der Puszta, die ansonsten schon über weite Strecken abgeerntet ist. Es ist halt doch schon Herbst, auch wenn es sich für mich noch nicht so anfühlt. Eine Zeit lang beobachte ich eine Bauernfamilie bei der Paprikaernte – natürlich alles von Hand. Endlose Weiten hier in der Puszta, aber relativ gut befahrbare Wege! Von richtigen Radwegen, sind wir nun aber weit entfernt.
Heute, nehme ich mir vor, folge ich auch strikt den Vorgaben meines Navigationsgerätes. Abkürzungen, die ja erfahrungsgemäß in der Regel am Ende des Tages keine mehr sind, kann ich mir nicht mehr erlauben. Die heutige Streckenlänge beträgt 121 km bei 107 Höhenmetern. Die meiste Zeit geht es auf betonierten, manchmal sogar asphaltierten Flächen auf Deichen voran. Über weite Strecken führt der Eurovelo 6 auch über Landstraßen, die zum Teil stark frequentiert sind. Ich ziehe mein neongelbes Regencape über den Rucksack, verbunden mit der Hoffnung damit früher wahrgenommen und vor allem von anderen Verkehrsteilnehmern großräumig umfahren zu werden. Die ungarischen Autofahrer sind – wie die deutschen auch – gnadenlos.

Irgendwie läuft es heute nicht so gut, ich komme nicht in den Flow ... muss viele Pausen machen, kämpfe mich durch. Es wird immer wärmer – bis 30° Celsius – meine Getränke gehen zur Neige! Und ich habe Glück, dass ich eine kleine Kneipe am Fluss finde, in der ich etwas zu trinken bekomme und die Wasserflaschen wieder auffüllen kann.

Auf den letzten fünf Kilometern reiß ich mich noch mal zusammen und gebe richtig Gas, um die Fähre noch zu erreichen. Und tatsächlich, mein Bauchgefühl trog nicht, die Fähre ist unmittelbar dabei abzulegen. Ich kann tatsächlich gerade noch draufspringen, das Rad in der Hand! Allerdings ohne Ticket! Nach kurzer Diskussion mit den Fährleuten werde ich nicht über Bord geschmissen, sondern darf meinen Obolus am Fährhäuschen am gegenüberliegenden Ufer entrichten und muss ihnen das Ticket dann vorweisen. Ordnung muss sein. Aber besser als eineinhalb Stunden am Ufer zu stehen und zu warten bis die nächste Überfahrt möglich wird. Nun war ich also in Mohács, einer hübschen kleinen Stadt unmittelbar vor der serbischen und kroatischen Grenze. Hier hatte ich unterwegs über ein Online-Portal ein Hotel gebucht und finde es diesmal auch sehr schnell ohne viel Sucherei und Zusatzkilometer.

Der Blick in den Hotelspiegel überzeugt mich, dass ich dringend einen Friseur brauche. Das klappt aber heute kurz vor 18.00 Uhr nicht mehr. Die Aktion wird vertagt.
Beim Spaziergang auf dem Boulevard der Stadt fällt mir ein kleiner Fahrradshop auf. Ich betrete den Ein-Mann-Laden, dessen Chefmechaniker doch tatsächlich das für seine malträtierenden Kopfsteinpflasterstrecken

Der Fähranleger von Mohács

berühmte Radstraßenrennen von Paris nach Roubaix gefahren ist! Ich stehe ungläubig vor den Bildern und Medaillen und zolle ihm meinen Respekt. Der Mann ist ein Unikum und sehr hilfsbereit! Ganz anders als in Wien! Er stellt mir meine Schaltung, die nicht mehr ganz exakt funktionierte, sofort neu ein, ebenso die Scheibenbremse und schmiert das Rad ab. Dann drehte er breit grinsend mit meinem Rad etliche Proberunden um das Viertel. Steigt nochmal ab, justiert nach und nächste Proberunde ... Ich stehe derweil allein in der Werkstatt und spiele Ladenbesitzer; den hat er mir nämlich überlassen! Freudestrahlend kommt er nun zurück und lobt die Maschine. Bezahlen darf ich natürlich nicht, nachdem er von meinen Tourplänen erfährt – Ehrensache! Wir erzählen uns noch ein paar Storys, dann verabschiede ich mich zum Abendbrot.

Ach ja und wieder große Wäsche ... Später am Abend mache ich mir Gedanken um die weitere Streckenführung und stelle fest, dass die anstehende Etappe mit 150 Kilometern für mich in meiner aktuellen physischen Verfassung nicht zu schaffen ist. Dazwischen gibt es in Serbien aber kaum Städte und Unterkünfte. Es wird schwierig ... Irgendwann bin ich müde, gebe auf und geh schlafen.

9. September 2017   Mohács - Apatin

Na also, die Recherche am Morgen war dafür erfolgreich, ich finde und buche ein Zimmer für 12 Euro in Apatin, einer Stadt in meinem nächsten Reiseland Serbien!
Zudem habe ich mal ausgeschlafen und frühstücke um
7:45 Uhr ganz in Ruhe. Okay, dafür komme ich auch erst
um 9:15 Uhr los, will noch Geld wechseln, mal sehen ...
Ich muss wieder mit der gestrigen Fähre über die Donau übersetzen. Heute verpasse ich sie aufgrund meines
Gebummels ganz knapp. Die Pause nutze ich, um den
Reifendruck auf die gefühlten 5,5 bar aufzupumpen und
setze mich dann auf die Kaimauer, um einfach nur auf
den Fluss hinauszuschauen ...
Dann geht's in aller Ruhe in der Morgensonne hinüber
auf die andere Flussseite und auf wieder gut befestig-
ten Straßen voran. Heute läuft es wieder gut, tatsächlich

gefühlt eine Genussfahrt! Was ein bisschen Schlaf und gutes Essen so bewirken ... In der Nähe der serbischen Grenze setze ich meine restlichen ungarischen Devisen in Energieriegel und Getränke um. Recht viel Grenzpolizei hier um einen herum, aber keiner behelligt mich. Um Punkt 12:00 Uhr überschreite ich die Grenze zu Serbien, meinem sechsten Reiseland und für mich Terra incognita. Die Straßen sind am Samstag zum Glück nicht zu stark befahren, so dass ich einigermaßen gut und ohne Angst vorankomme. In einer Kleinstadt sause ich an einem Laden mit der Aufschrift „Man" vorbei – das ist ein Friseur! Bis das im Gehirn ankommt bin ich schon hundert Meter weiter. Also zurück – und tatsächlich bekomme ich sofort und im Radfahrtrikot eine serbische Bartrasur! Auf einen Rasierapparat hatte ich gewichtsbedingt natürlich verzichtet. Eine Bezahlung lehnt die nette Dame lächelnd ab und so bedanke ich mich und sitze nach fünf Minuten wieder deutlich windschlüpfriger im Sattel.

Mit einer geschickt gewählten Abkürzung gelingt es mir, die Strecke um ganze fünf Kilometer zu verkürzen und ich lange schon um 15:15 Uhr in Apatin an. Die Suche nach meiner gestern reservierten Unterkunft gestaltet sich dagegen wegen fehlender Hausnummern wieder etwas schwierig, ich finde sie aber schließlich ... Es handelt sich um eine Privatunterkunft und für 12 Euro wird mir ein komplettes Haus zur Verfügung gestellt!
Und wieder bekomme ich Probleme mit meinen unzureichenden Recherchen. Serbien ist kein EU-Land und meine Telefonkarte gilt hier nicht. Ich kann nicht mehr telefonieren und recherchieren außer im WLAN.

Abendstimmung am Ufer der Donau in Apatin

Nun stehe ich doch tatsächlich vor meiner Unterkunft und kann mich nicht bemerkbar machen! Das Gartentor ist verschlossen, eine Klingel gibt es nicht. Irgendwann schlägt der Hund an und irgendwann noch viel später kommt der Vermieter. Es wird doch noch alles gut! Mein Rad zieht ins Kinderzimmer, ich räume meine Sachen im Schlafzimmer ein ... Nach dem Duschen muss ich unbedingt einen WLAN-Hotspot finden! Also laufe ich mit meinem Equipment im Rucksack zurück zum Fluss. Dort finde am Ufer der Donau ein wunderschönes Restaurant mit einem traumhaften Ausblick und ich glaube es kaum: „Free-wlan-access"! Ich lehne mich entspannt zurück, genieße das Glas Weißwein und esse zum ersten Mal in meinem Leben Stör – und der schmeckt vorzüglich!

Die Lebensgeister sind wieder da! Der Ausblick auf die Donau ist grandios und das Wetter ebenso. Dann wird es ruhig am Fluss, ich kann die Abenddämmerung genießen ...

Morgen muss ich jedoch früh raus, weil geschätzte 140 Kilometer anstehen, wie ich durch die Online-Recherche gerade feststelle. Wird also eine harte Nummer morgen. Habe aber heute die Chance genutzt, mit allen Freunden noch einmal zu kommunizieren ... ach ja und noch ein Glas Wein zu trinken!

10. September 2017 Apatin - Backa Palanka

Da ich heute von Apatin nach Backa Palanka und damit die gefürchteten 140 Kilometer fahren möchte, stehe ich um 6:30 Uhr auf. Frühstück gibt es in meiner Unterkunft nicht, sodass ich mein Pferd gleich sattle und in ein mir vom gestrigen Abend bekanntes Lokal fahre, das mir ein opulentes Frühstück offeriert. Neben Toast, Marmelade, Aufschnitt, drei fetten Spiegeleiern gibt's auch noch Süßigkeiten. Gut, Kaffee und Saft ist nur je einmal inkludiert, das ist aber nun echt kein Grund zur Beschwerde. Ich bin rundum zufrieden. Meinen Flüssigkeitshaushalt kann ich nachher mit Leitungswasser ausgleichen. Nun aber los!

Trotz der angekündigten 31° Celsius möchte ich zur Gewichtsersparnis nur eine gefüllte Wasserflasche mitnehmen. Die Strecke ist letztlich leidlich gut befahrbar, wenngleich es wieder über weite Phasen grob offenporigen Asphalt (also die bekannt kindskopfgroßen Schlaglöcher) gibt, wo es dann gar nicht rollt. Dort muss man permanent höllisch aufpassen, um keinen Sturz zu riskieren. Insbesondere in der Schattenlage der Bäume und damit erst spät wahrnehmbar, verstecken sich gerne tiefe Asphaltlöcher, die zum Abheben reichen. Es ist anstrengend und gefährlich. Ich hadere wieder einmal mit meinem Schicksal ... Überhaupt hatte ich mir das Radfahren entspannter vorgestellt. Aber beschaulich in die Landschaft gucken, während man auf einem Rennrad sitzt, ist nicht drin, viel zu riskant bei solchen Straßenverhältnissen und nur eine Unaufmerksamkeit könnte die Reise vorzeitig beenden. Es ist also tatsächlich permanente Konzentration gefragt und das strengt an!

Dann wechselt der Belag auch noch, nun wird auf Sand gefahren! Mit der recht schmalen Bereifung auch nicht ohne ... Vielleicht hätte ich nicht meckern sollen?

Es wird immer heißer und auf einer ganz katastrophalen Strecke entlang der kroatischen Grenze verliere ich meine noch halbvolle Wasserflasche. Meist mache ich nur für kurze Trinkpausen und andere unaufschiebbare Anlässe einen Stopp. Und nun starre ich mitten im Nirwana auf die leere Flaschenhalterung und mir wird klar, jetzt habe ich ein Problem, jetzt wird es ernst! Auf den nächsten 38 Kilometern gibt es keine Ortschaften im Grenzgebiet und damit keine Möglichkeiten an ein Getränk zu kommen! Bei nun schon 33° Celsius kommt auch noch heftiger Gegenwind auf, dem ich hier im Flachland ohne Baumbestand ungeschützt ausgesetzt bin. Da haben wir aber heute alles falsch gemacht! Ich verfluche mich wegen der 750 Gramm Gewichtsersparnis durch die leer mitgeführte zweite Trinkflasche. Die kleinen Siedlungen durch die ich anschließend fahre, sind verfallen und unbewohnt. Und hier im Grenzgebiet trifft man selbstredend keine Menschenseele! Und natürlich ist heute auch noch Sonntag und sowieso kein Laden offen! Ich habe den Jackpot gezogen und erinnere mich an ein Buch, in dem die sieben Arten des Todes – unter anderem auch der durch Verdursten – eindringlich beschrieben werden. Echten Problemsituationen im Outdoor gehen demnach in der Regel im Vorfeld drei gravierende menschliche Fehler voraus. Ich hatte die Strecke, die Witterungsverhältnisse und meinen Wasserbedarf falsch eingeschätzt!!!

Okay, aber wir sind hier in Europa und nicht im Outback. Irgendwann muss doch verdammt noch mal auch diese Straße irgendwo enden – bleib ruhig! Rettung in letzter Not! Völlig platt und halb verdurstet erreiche ich schließlich einen in Serbien auch am Sonntag offenen Konsum-Laden – unglaublich! Ich trinke fast zwei Liter und brauche danach noch über eine halbe Stunde, um wieder halbwegs zu funktionieren. Dann mache ich mich mit zwei (!) weiteren vollen Trinkflaschen auf das Reststück von circa 35 Kilometern. Da war aber jemand leicht verängstigt!

Leider werde ich auch weiterhin über die unbefestigten Deiche und damit die blanke Grasnarbe gejagt, sodass die Fahrt ausgesprochen anstrengend ist. Und kühler ist es ja auch immer noch nicht geworden. Auf der letzten Rille erreiche ich dann das Ziel und setze mich an die Donau. Im Schatten eines Clubrestaurants am Fluss trinke ich ein Bier und versuche zu entspannen. Eins reicht nicht! Es gibt wirklich harte Tage!

Die Suche nach meinem Hotel gestaltet sich noch einmal problematisch, da weder das Navigationsgerät noch das Internet den hiesigen Ort in kyrillischer Schrift kennen. Aber die Serben sind sehr freundlich und zeigen mir auf Nachfrage den Weg. Das Hotel ist sehr ordentlich. Ich kann duschen, spüle mir den ganzen Staub und Frust des Tages ab und fühle mich langsam wieder als Mensch. Dann versuche ich den morgigen Tag zu organisieren. Nach anderthalb Stunden Recherche habe ich immer noch kein Hotel in passender Zielentfernung gefunden. Ich entschließe mich notgedrungen, die Etappe auf 65 km zu verkürzen. Dort findet sich etwas Kleines, das ich reservieren kann. So, geschafft, nun geht's in ein typisch serbisches Restaurant, das nicht nur groß-

Ein serbisches Restaurant mit offenem Grill und großer Fleischauswahl

artig kochen, sondern auch ordentlich laute serbische Volksmusik spielen kann. Heute kann ich nicht wählerisch sein. In Ermanglung serbischer Sprachkenntnisse zeige ich auf alles, was ich auf dem offenen Grill wählen kann, um meine Energiedefizite aufzufüllen. Heute waren es nur 125 Kilometer und 130 Höhenmeter, gefühlt aber das Doppelte!

11. September 2017
Backa Palanka (Plankenburg) - Novi Sad

Heute gibt es ein ausgiebiges Frühstück, erneut mit Spiegeleiern, vor allem aber ausreichend zu trinken, Saft und Kaffee und diesmal auch Müsli. Das brauch ich aber auch, habe schon gemerkt, dass die zivile „Ausgehuniform" von den Hüften rutscht.
Natürlich nehme ich dann noch ausreichend zu trinken mit, es soll heute wieder heiß werden. Und es wurde heiß: 34° Celsius!
Die Etappe heue ist kurz. Dafür kommen zum ersten Mal wieder einige Berge. Insgesamt stehen 69 Kilometer und 318 Höhenmeter am Ende des Tages im Roadbook. Aber bei weiterhin 20 km/h Gegenwind, den erwähnt hohen Temperaturen und den nun anstehenden vier Kilometern Steigung am Berg, mit bis zu 12 %, muss ich mehrfach passen, stehen bleiben und den Kreislauf wieder runterfahren. Einen Fahrfehler oder gar Kollaps kann ich mich hier nicht erlauben. Neben mir fahren LKW und Autos in rasanter Fahrt die Serpentinen hoch. Aber irgendwann ist jeder Tag zu Ende und es geht auch wieder bergab. Ich genieße die Abfahrt und den Fahrtwind der mir Kühlung bringt auch wenn es danach bergig weitergeht und ich noch einmal stoppen und verpusten muss. Als ich schließlich in meinen Zielort einfahre, bin ich wieder einmal fix und fertig und energetisch ausgebrannt. Glücklicherweise finde ich aber meine Pension sofort und kann duschen, ein Bierchen trinken und wieder zu mir kommen.

Am Abend lerne ich noch ein finnisches Ehepaar kennen, welches die ganze Strecke aus seiner Heimat bis in die Türkei mit dem Auto fahren will–in vier Tagen! Sie ha-

Novi Sad

ben dort ein eigenes Haus und bleiben bis Weihnachten. Der Mann erzählt im Angesicht meiner Tour-Pläne, dass er viele Marathons gelaufen sei. „Glaubst du nicht, ne?" und zeigt auf seinen doch deutlich prominenten Bauch. Doch, ich glaube ihm! Seine Frau lacht: „Ist schon ein bisschen her." Aber er hat sogar Triathlon-Erfahrungen! Ob ich auch immer die Kadenz einhalte, die 90 Umdrehungen pro Minute trete, die beim Rennradfahren als physiologisch und energetisch optimal gelten, will er wissen. Ja, ich weiß und ich versuche es auch. Aber es gibt Strecken...

Wir diskutieren die aktuelle politische Lage an unserem Reiseziel. Politisch sieht auch er einen Unterschied im Verhältnis der Finnen und Deutschen zur Türkei. Er kann meine Ängste und Bedenken vor dem Hintergrund von Erdogans aktueller Politik durchaus nachvollziehen. Die Finnen haben im Gegensatz zu Deutschland aktuell gute Beziehungen zur Türkei, deshalb ist er nicht besorgt.

Ich folge seiner Menü-Empfehlung für das Abendbrot, das dann ausgesprochen üppig ausfällt für einen Marathonläufer und den Radfahrer am Nebentisch.

Aufgrund der aktuellen politischen Situation sehe ich tatsächlich ein Problem, mein ursprüngliches Ziel Istanbul anzufahren. Es hat aktuell in der Türkei mehrere Festnahmen deutscher Touristen ohne Angabe plausibler Gründe und ohne Haftbegründungen – auch auf Anfragen des Auswärtigen Amtes – gegeben.

Dann recherchiere ich lange nach alternativen Rückflügen von Varna oder Burgas nach Hause, ohne wirklich erfolgreich zu sein. Also konzentriere ich mich wieder auf die morgige Strecke, suche und finde eine Unterkunft hinter Belgrad, das ich morgen passieren werde.

Und die riesigen süßen Weintrauben, die auf der Terrasse direkt über meinem Kopf wachsen, probiere ich auch noch ...

12. September 2017 Novi Sad - Pantchewo

Zum Frühstück genieße ich noch ein Schwätzchen mit dem Finnen – tatsächlich ein Extremsportler. Er nimmt doch wirklich mit 67 Jahren noch an sechs Sportwettkämpfen im Jahr teil – grandios!

Das Frühstück selbst war nicht ganz mein Geschmack, aber wohl landestypisch. Es gibt morgens schon mit Käse Überbackenes – sehr wehrsam. Aber ich muss essen, brauche die Energie, damit die Hose nicht rutscht. Heute läuft`s mal wieder wunderbar, die Luft ist kühler, Rückenwind 15 km/h und auch der Asphalt rollt, teilweise bin ich im Flow mit 40 km/h unterwegs. Das macht mir mal wieder richtig Spaß nach den zurückliegenden holprigen Strecken. Belgrad ist so relativ rasch erreicht, aber keine so schöne Stadt; viele alte sozialistische Plattenbauten. Daneben wird aber auch viel Neues gebaut, über dem Stadtzentrum ragen überall Kräne in den Himmel ...
Ein schöner neuer Radweg führt entlang der Donau durch eine parkähnliche Anlage. Überall gibt es Stände, daneben Kaffees und Restaurants auf Schiffen, die längsseits an der Kaimauer festgemacht haben. Sie sind garniert mit dem für Großstädte üblichen Menschentrubel, hier ist augenscheinlich die Amüsiermeile ... langsam trudele ich hindurch und lasse mich ein wenig treiben.
Es hält mich hier aber nicht lange. Den Weg aus der Stadt finde ich diesmal recht schnell, aber schwimmend im Straßenverkehr ist das keine Wonne. Ich bin und werde wohl auch kein Städte-Fan. Richtig gefährlich wird es dann bei der Überquerung der Brücke auf der Europastraße 70. Schon die Zufahrt in dem Straßengewirr war abenteuerlich, die Überfahrt ohne Rad- und Fußweg,

also auf der einzig verfügbaren Fahrbahn, dann ein Rennen ums Überleben. Mit 45 km/h versuche ich im Verkehr quasi mitzuschwimmen. Gejagt von den Autos und LKW, völlig ausgelaugt, erreiche ich das rettende andere Ufer. Pause, durchatmen, trinken und einen Energieriegel verspeisen hilft. Mein GPS weist als einzige Möglichkeit des Weiterkommens nur diese Fernverkehrsstraße aus. Also weiter über 10 Kilometer auf einer Schnellstraße!? Gott sei Dank, es existiert eine Busspur, die ich für mich okkupiere. Jetzt bin ich sicher!

Den Ort Pantschewo erreiche ich mit Rückenwind schon um 13:30 Uhr und damit viel früher als gedacht, mache bald schon halt an den schwimmenden bunten Restaurants an der Donau und habe Glück.
Auf der kleinen Ponton-Gaststätte am Fluss vor mir kocht heute der Chef. Ich setze mich an einen der wackeligen Tische am Rand des Bootsdecks, bestelle etwas zu trinken und schaue einfach nur zu. Mit Akribie rührt der Hobbykoch auf der Terrasse in einem gusseisernen Kessel Gulasch mit Nudeln für seine acht Freunde, die nun nach und nach eintrudeln. Ein geselliger Herrentag, scheint es. So wird lautstark geredet, kräftig Bier getrunken und der Hausherr für seine Kochkünste gelobt. Ich sitze nicht lange allein vor meinem Bierchen am Nebentisch. Die geselligen Serben haben meine neidischen Blicke gesehen und laden mich auf eine Schüssel ein! Herrlich, ich darf mitessen und es schmeckt wirklich lecker! Auch ich lobe gestikulierend den Hausherrn, der mit stolz geschwellter Brust nun vor seinen Jungs eine Rede hält. Ich verstehe natürlich quasi nichts, aber alle sind gut gelaunt, lachen und erzählen ihre Geschichten. Es ist wirklich schön hier am Fluss in der Sonne und in dieser entspannten Atmosphäre – ich bleibe noch ein Weilchen ...

Meine neue Lieblings-Gaststätte in Pantschewo

Irgendwann am späten Nachmittag mache ich mich dann aber doch auf die Suche nach meiner Unterkunft und werde reichlich belohnt. Ich hatte im Internet ein Zimmer für 20 Euro gebucht und bekomme ein Privatquartier in Form einer Dreiraumwohnung mit 100 Quadratmetern Wohnfläche, antiker Einrichtung und großer moderner Küche! Sie erschien mir wie ein kleiner Palast. Der Kühlschrank war mit Getränken zum freien Gebrauch gefüllt! Aber selber kochen kommt für mich trotzdem nicht in Frage. Die verbleibende Zeit bis zum Abendbrot brauche ich wieder für die Fahrradpflege, die Große Wäsche, das Aufladen der Technik, das Tagebuch, Mails und die Recherchen für den morgigen Tourtag.

Heute waren es 90 Kilometer und 240 Höhenmeter.

Am Abend setze ich mich noch einmal aufs Rad und fahre suchend durch die Stadt. Da ich nichts Einladendes finde, lande ich wieder am Fluss – dieses Mal auf einem anderen und viel größeren Restaurantschiff. Von dessen Oberdecksterrasse hat man einen fantastischen Ausblick auf den Fluss. Und es gibt wieder ein reichhaltiges Abendbrot im Lichte der untergehenden Sonne an der Donau ... Idyllisch!

Hab vergessen mein Frühstück für den nächsten Morgen zu organisieren – hm, mal sehen, was sich da morgen findet. Aber morgen stehen 135 Kilometer an, ich will hinüber nach Rumänien, das sechste zu bereisende Land. Da sollte ich Früh unbedingt noch ein paar Kalorien bunkern!

13. September 2017   Pantschewo - Divici

Ich bin schon früh um sieben aus meiner Unterkunft losgefahren, um mein Frühstücksproblem zu lösen. Nur zwei Kilometer entfernt habe ich einen Bäcker gesehen, dort gibt`s ein Brötchen mit Käse gefüllt und Kakao im Tetrapack – na ja, besser als nichts. Dann mal los! Die Ausfahrt aus dem Ort läuft leidlich und danach geht es zunächst auf Fernverkehrsstraßen und wenig später auf etwas beruhigteren Landstraßen weiter. Letztere wiesen aber wieder den bekannten und gehassten „offenporigen Asphalt" auf. Also wieder höllisch aufpassen, um nicht in die Löcher zu fallen! Trotz nicht optimaler Windverhältnisse komme ich relativ gut voran. Alle 20 Kilometer gibt`s eine Pause um etwas zu trinken, kurz zu relaxen und fünf Minuten später geht`s dann auch schon wieder weiter. Bald passiere ich den Ort Bela Crkva. Nun gibt es mittags in der prallen Sonne einen richtig schönen geraden Anstieg hinauf zur rumänischen Grenze. Jetzt bloß nicht schlappmachen! Bis hierhin lief doch alles optimal, ich habe weder bei den Serben, noch bei den Rumänen an der Grenze, die ich heute um Punkt 12:00 Uhr passiere, längere Aufenthaltszeiten.

Hinter der Grenze geht`s in einer rasanten Abfahrt wieder bergab, um einen Nebenfluss der Donau zu umfahren. Das sind 40 Kilometer Fahrstrecke mehr, die sich aber lohnen! Es ist landschaftlich sehr reizvoll, hügelig, ursprünglich, einsam und wild romantisch. Vom Herbst ist hier noch nichts zu spüren. Alles um mich herum ist grün, der Himmel strahlend blau. Nun geht es ständig bergauf und bergab, aber bei solchem Wetter komme ich weiter gut voran und erreiche nach 130 Kilometern und 470 Höhenmetern mein Ziel.

Die Donau, die nun als Grenzfluss zwischen Serbien und Rumänien fungiert, liegt erneut vor mir. Die letzten Kilometer entlang des Flussufers mit wiederum vielen Anglern fahren sich auf maroder Straße wieder grauenhaft. So komme ich doch ziemlich erschöpft an meinem heutigen Tagesziel an.

Das von mir ausgewählte Hotel „Pensiunea Alexandra" ist außergewöhnlich schön für die Region und richtig modern. Es hat sogar einen kleinen Swimmingpool mit ein paar Sonnenliegen! Sowohl von der Terrasse, als auch vom Balkon meines Zimmers hat man Ausblick auf die Donau bis hinüber nach Serbien. Das ist ja richtig traumhaft, ich glaube hier bleibe ich und mache einen Tag Pause! Mein Körper braucht dringend eine Regeneration, der Geist wohl auch.

Merkwürdigerweise kommt man beim Rennradeln gar nicht so viel zum Nachdenken und Gedankenschweifen. Im Gegenteil – eigentlich engen sich die Inhalte immer mehr ein, zunächst wichtig Erscheinendes relativiert sich, man konzentriert sich auf die eigenen Körperfunktionen. Stimmen die Kadenz und Herzfrequenz noch, wie bewältigst du den nächsten Berg, funktionieren die Beine noch auf den letzten Kilometern, hast du genug getrunken, das Essen nicht vergessen? Man lernt eine Menge über seinen Körper und seine Leistungsfähigkeit. Hinzu kommt das Hineinhören in das Fahrrad. Jedes Laufgeräusch ist dir vertraut und sensibel analysierst du jedes verdächtige Fremdgeräusch – was war das für ein Knacken eben? Gott sei Dank, nur ein Kiesel, der unter den Reifen wegspritzt! Eigentlich ist man permanent mit sich, dem Rad und der Strecke beschäftigt.

Rumänien von seiner traumhaften Seite

Das hat mich sehr überrascht, ich hatte es mir ganz anders, irgendwie viel geruhsamer und erholsamer vorgestellt.

Ich bekomme wie gewünscht ein preiswertes Zimmer mit Balkon und Donaublick für nun zwei Nächte. Das Rad muss ich allerdings draußen anschließen. Das tue ich zum ersten Mal. Sonst ist es entweder im Zimmer oder sicher weggeschlossen. Aber hier kommt sowieso außer Anglern praktisch keiner vorbei – Irrtum! Als ich auf der Terrasse sitze, kommt ein älterer Rennradler hinzu, horcht mich nach dem Hotel aus, fährt aber dann doch weiter. Schade! Wäre ja vielleicht einmal lustig gewesen, sich auszutauschen oder zu zweit weiterzufahren. Na gut, ich freue ich mich über das kühle Bier, die warme Abendsonne und die tolle Aussicht ...
Jetzt springe ich aber erst einmal in den Pool, wow herrlich! Nun erst fällt mir auf, dass dies das erste Bad während meiner gesamten Tour entlang der Flussstrecke ist. Und morgen ist den ganzen Tag Urlaub und Erholung angesagt – ab auf die Sonnenliege! Ich sehe ja durch das permanente Fahren im Trikot wirklich aus wie ein Streifenhörnchen – tief sonnengebräunt die Unterarme und Beine der Rest kalkweiß! Das sieht am Pool echt zum Schreien aus. Nun freue ich mich aber auf ein entspanntes Abendbrot und genieße ein Glas Wein am Pool. Heute ist ja quasi auch schon Urlaub! Bei schönem sonnigen und warmen Wetter – und das mitten im September– klingt mein Abend auf der Terrasse aus. Später recherchiere ich doch noch im Netz. Es ist an der Zeit den Rückflug zu organisieren.

14. September 2017   Ruhetag in Divici

Ich wache erst um halb neun auf und genieße mein Frühstück in aller Ruhe. Am Nebentisch sitzt eine Gruppe Rumänen, die offensichtlich hier tagen und eine Restaurant-Ausbildung absolvieren. Rollenspielchen – ich schaue eine Weile zu, gehe dann auf die Terasse, um weiter im Internet zu recherchieren. Da sich die politischen Beziehungen zwischen Deutschland und der Türkei weiter verschlechtert haben, muss ich meine Idee, nach Istanbul zu reisen, nun definitiv streichen. Die Entscheidung fällt mit wirklich schwer, ich hätte diese Stadt am Schnittpunkt zwischen Orient und Okzident zu gerne einmal gesehen. Die beste Ehefrau von allen hat starke Bedenken geäußert, andere Freunde raten mir in ihren Mails ebenfalls ab. Auch wenn ich selbst das Risiko, in die Türkei einzureisen, für kalkulierbar halte, hören sich die Kommentare meiner Freunde nicht sehr vertrauenserweckend an. Also höre ich auf meine Ratgeber, die natürlich die aktuelleren politischen Informationen haben.

Als neues Ziel habe ich Burgas oder Varna am Schwarzen Meer ins Auge gefasst. Nach vielem hin und her und unter tatkräftiger Mithilfe meiner besseren Hälfte aus der Heimat gelingt es endlich einen Flug von Varna – wenn auch mit Zwischenstopp – nach Hamburg zu finden. Dort könnte die beste Ehefrau von allen mich und mein Fahrrad am 26. September 2017 sogar persönlich in Empfang nehmen, um den Rest des Heimweges dann gemeinsam mit dem Auto zu erledigen. So ist am Ende eines ganzen Tages Recherche im Internet das neue Reiseziel am Schwarzen Meer festgelegt und ein Flug mit Zwischenstopp Wien gebucht. Die Direktflüge nach Rostock-Laage wurden eine Woche zuvor eingestellt – Pech!

Ich genehmige mir noch eine Stunde in der Sonne, die dann jedoch abrupt unterbrochen wird. Das gesamte Personal meiner Pension sitzt palavernd am Pool mit den Füßen im Wasser und Bierflaschen in den Händen. Daneben spielt ohrenbetäubend laute Popmusik. Unglaublich, das geht nur hier. Ich ziehe die Ruhe vor und gehe auf mein Zimmer. In den späten Nachmittagsstunden versuche ich noch einmal die Terrasse zu genießen und etwas gegen das „Streifenhörnchen" zu unternehmen. Als ich mich wieder auf die Sonnenliege traue, entschuldigt sich der Chefkellner bei mir und spendiert zum Trost ein Getränk aufs Haus. Okay, ich bin ja nicht nachtragend. Aber ich muss an die oft monierte Servicewüste Deutschland denken – ein Lacher! Nun gut, ich wollte wenigstens noch einmal im Pool baden gehen. Wer weiß, wann mir das auf der Tour noch einmal gelingt.

Ich habe derweil die grundsätzlichen weiteren Fahrbedingungen in Richtung Varna recherchiert und dabei festgestellt, dass es technisch relativ anspruchsvoll wird, weil die Straßen stark befahren sein werden und nicht zuletzt etliche Höhenmeter anstehen. Zudem habe ich natürlich keine Routenplanung nach Varna auf dem Navigationsgerät, da mein ursprüngliches Ziel ja Istanbul hieß. Ab Russe gleich hinter der rumänischen Grenze in Bulgarien muss ich wohl oder übel im Wesentlichen den Fernverkehrsstraßen folgen – eine wenig amüsante Vorstellung. Egal, es wird sich ein Weg finden. Der Flug ist gebucht und ich bin und bleibe optimistisch!

Am Abend gibt es Fischsuppe und Spaghetti – eine große Portion. Die brauche ich aber auch, habe ich doch fühlbar ein paar Kilo abgenommen. Zuvor hatte ich noch mein Fahrrad versorgt, es kann also weitergehen morgen.

15. September 1917   Divic - Kladovo

Dann bin ich heute also wieder früh um 8:00 Uhr nach etwas dürftigem Frühstück raus auf die Straße, da eine lange Tagesetappe ansteht. Die Strecke war wider Erwarten gut und mit Rückenwind habe ich mittags bereits 90 Kilometer auf der Uhr. Es ist eine wundervolle Strecke auf einer wenig befahrenen Straße direkt entlang der Donau, die hier ihre engste Stelle mit dann aber 200 Metern Wassertiefe hat. Man hat das Gefühl fast am gegenüberliegenden Ufer anschlagen zu können. Unglaublich! Nachdem die Donau zuvor eine Flussbreite von mehreren Hundert Metern hatte, ist das hier ein krasser Gegensatz. Wieder sitzen am Ufer jede Menge Angler. Das Fischen scheint hier tatsächlich ein Volkssport zu sein. Man sieht Junge und Alte, Frauen und ganze Familien, die im Campinggestühl sitzend auf ihre Posen im Wasser schauen. Ich setze mich ein paar Minuten dazu, werde aber leider nicht Zeuge eines Superfanges.
Hier finden sich auch auffällig viele Hotels, Pensionen und Urlaubshäuschen, einige sogar mit Pool und Booten, ja sogar Jachten liegen am Steg! Hier scheint die High Society Rumäniens Urlaub zu machen. im Vergleich zu den vorangehenden eher ärmlich erscheinenden Landschaftsabschnitten ist das hier auffällig nobel.

Ups, jetzt kommen Berge, die ich wieder bei 33 Grad im Schatten mit acht Prozent Steigung bezwingen muss. Es wird nix, der Puls rast, der Schweiß brennt in den Augen, die Beine schmerzen– dreimal muss ich jeweils passen, anhalten, den Kreislauf runterfahren lassen.

Ich trinke eindeutig auch zu wenig. Genau betrachtet sind beide Flaschen bereits leer! An einem Hotel halte ich an, fülle die Flaschen und gönne mir einen ordentlichen Schluck. Die Abfahrten mit elf Prozent Gefälle nehme ich in voller Geschwindigkeit und donnere mit maximal 65 Km/h hinunter, die Scheibenbremsen retten mich in den Serpentinen …

Wenn man mal einen Berg mit so viel Mühe erklommen hat, möchte man natürlich keine Energie auf der Abfahrt durch Bremsen in Wärme verwandeln und so verschwenden. Aber ab 65 km/h siegt der Überlebenswille und ich greife hart in die Stopper. Ich bin schon immer ein bisschen ärgerlich, wenn's steil bergab geht, in der sicheren Kenntnis, dass der nächste Berg ja unzweifelhaft gleich darauf folgt und ich ihn wieder hinaufstrampeln muss – bin eben doch ein gemäßigter Tourenfahrer mit eher geringen sportlichen Ambitionen; insbesondere in Hinblick auf Bergetappen.

Dann kommt der gefährlichste Abschnitt des heutigen Tages, er ist nur circa zwölf Kilometer lang, hat es aber in sich! Ich muss auf einer nur zweispurigen, in den Uferhang der Donau geklebten EU-Straße ohne Radweg bei vollem Verkehr mitfahren. Und ich kämpfe um mein Leben! Die Straße ist so schmal, dass für einander begegnende LKW und mich definitiv nicht genug Platz bleibt. Mehrfach quietschen hinter mir bedrohlich die Bremsen eines Lasters. Immer wenn ich nun Gegenverkehr wahrnehme, will ich runter von der Straße, suche eine Stelle zum Anhalten und Ausweichen! Aber die gibt es selten, der Bordstein ist 15 Zentimeter hoch! Also quietscht es wieder in meinem Rücken. Alternativ versuche ich, mit voller Power, also 40 km/h, diesen Abschnitt so schnell es geht zu überwinden. Vielleicht hilft mir mein neongelber

Bei fantastischem Wetter am rumänischen Donauufer entlang...

Rucksacküberzug doch ein wenig? Immerhin bin ich noch nicht überfahren worden! PKW-Fahrer sind noch rücksichtsloser als die LKW-Kolonnen und ziehen um Handbreite und mit deutlich überhöhter Geschwindigkeit an mir vorbei. Auf Brücken gibt es keine Fahrbahnmarkierung und keinen noch so schmalen Randstreifen, den ich nutzen könnte. Ich halte vorher an, schaue mich um, warte auf die Lücke im Verkehr und hetze wie ein Hase weiter. Gibt es Randstreifen sind diese kaum zu befahren, der Bitumen ist total wellig, quasi eine Buckelpiste und die reißt dir fast den Lenker aus der Hand. Und nun fehlen am Rand sogar die Gullideckel – es ist einfach ein großes Loch im Asphalt! Beim ersten Mal springe ich darüber, die nächsten Löcher umfahre ich! Und das alles musst du in voller Fahrt bei 30-40 km/h registrieren, sofort reagieren, ausweichen und mit dem nachfolgenden Verkehr in Einklang bringen! Zu allem Überfluss muss ich auch noch zwei Tunnel passieren, die mich als Radfahrer – wenn auch mit Leuchtmitteln versehen – in Lebensgefahr bringen! Ich finde eine Lücke im rollenden Verkehr, es klappt – ich hab's überlebt! Aber ich bin schweißgebadet, tachykard und definitiv nicht nur von der körperlichen Anstrengung ... Pause ... durchatmen ... runterkommen. So ein Risiko gehe ich bestimmt nicht noch einmal ein, lieber steige ich in einen Bus!

Als sich mein Puls wieder normalisiert hat und ich die frisch befüllte Wasserflasche ausgetrunken habe, geht es nun im Normaltempo weiter.

Ich erreiche das Sperrwerk bei Dobreta Turnu, das „Eiserne Tor", das gleichzeitig die Grenze zwischen Rumänien und Serbien darstellt. Der serbische Grenzbeamte will die Dokumente für die Einfuhr meines Fahrrades sehen, lacht aber dann selber lauthals über seinen Scherz ... problemlose Grenzpassage.

Auf serbischem Boden sind es nun nur noch 15 Kilometer bis Kladovo, die ich gemütlich in der Sonne dahintrudele.

Heute habe ich 144 Kilometer und 832 Höhenmeter hinter mir und bin stolz auf mich. Trotz der Hammeretappe fühl ich mich super und es tut auch mal gar nichts weh. Hat wohl was mit Endorphinen zu tun ...

Die Stadt begrüßt mich mit einer richtigen Promenade an der Donau. Das Hotel in der ersten Reihe ist fast so groß wie unser berühmtes Rostocker „Neptun Hotel" am Ostseestrand – aber leider komplett ausgebucht. Ich ziehe also weiter und setze mich dann in ein Restaurant, um über WLAN zu recherchieren und finde eine kleine lustige Privatunterkunft.

Es werden heute noch drei weitere Radfahrer erwartet, aber zunächst ziehe ich alleine in das Fünf-Bett-Zimmer ein. Die Dusche müssten wir uns dann auch alle teilen, merkt mein Gastgeber an. Na, da nutze ich doch mal meinen Vorsprung und dusche schon mal allein! Und dann suche ich mir das Bett am Fenster aus. Tja – wer zuletzt kommt, den bestraft das Leben! Wäsche waschen fällt heute aufgrund mangelnder Trocknungs- und Platzverhältnisse aus.

Als ich wieder alles auf der Reihe habe, fragt mich mein Gastgeber, ob ich Lust auf ein Bierchen habe – er sprich gebrochen Deutsch!

Ich lehne dankend ab, muss erst etwas Essen, bin nun doch ein bisschen platt heute.

„Ach ja – die anvisierte zweite Radtruppe kommt erst morgen." Super, dann habe ich jetzt fünf Betten für die Übernachtung zur Auswahl und die Dusche für mich allein!

Ich lande wenig später in einem Restaurant auf dem Boulevard, bestelle etwas üppiges Landestypisches, viel Fleisch natürlich mit Käse überbacken und ein Bier und augenblicklich geht's mir deutlich besser. Unterzuckerung. Die Brotreserven des Restaurants esse ich vorsichtshalber auch noch auf, weil mit dem Frühstück morgen noch alles unklar ist.

Mehrfach, so auch heute, ist mir die Geselligkeit der Serben aufgefallen. Immer wieder kommen Gruppen von Männern in den Kneipen oder Gaststätten zusammen, essen und trinken gemeinsam. Es wird viel geredet und gelacht ... dann geht man nach ein oder zwei Stunden auseinander. Eine andere Truppe kommt, manchmal auch Frauengruppen ... Es wird also viel Konversation betrieben; die zwischenmenschlichen Beziehungen und der Zusammenhalt sind augenfällig sehr ausgeprägt.

Am Abend erneuert mein Gastgeber seine Einladung, die ich nun nicht mehr ausschlagen möchte. Es wird ein ganzes Fässchen Bier aufgemacht und seine Frau und die erwachsenen, hervorragend Deutsch sprechenden Kinder kommen hinzu. Diese arbeiten in Deutschland, wie viele junge Serben hier aus der Stadt. Jetzt im September, im Spätsommer kommen die Gastarbeiter auf Urlaub zurück in ihre Heimatstadt erfahre ich. Nun sei auch das Klima am besten auszuhalten und die Landschaft am schönsten. Ich stimme zu. Auf meine Frage zur Geselligkeit der Serben antworten sie lachend. Ja, es gäbe Tage, da bekämen sie bis zu 15 Mal Besuch! Es gibt ja auch immer so viele Neuigkeiten zu besprechen ...

Der Abend wird lang, es wird viel über die serbische Lebensweise, Politik und Zwischenmenschliches diskutiert – und das Fässchen ausgetrunken!

Ausgesprochen zugewandt und herzlich die Serben!

16. September 2017   Kladovo - Vidin

Heute Morgen um sieben habe ich schon alles fertig gepackt und sitze quasi schon auf dem Rad, als mein serbischer Gastgeber aus dem Haus kommt und sagt, ohne Kaffee ließe er mich nicht losfahren. Also steige ich ab, wir reden noch ein bisschen und trinken zusammen einen schönen starken Kaffee. Die Serben bleiben sehr nette und aufmerksame Menschen!
Dann mache ich mich bei schon wieder steigenden Temperaturen auf den Weg. Unmittelbar hinter der Stadt erwartet mich gleich ein satter Anstieg und mir steckt noch das Fässchen Bier im Kopf ...
Am Ende dieses Tages werden es 554 Höhenmeter und 98 Kilometer auf dem Tacho sein.

Denkmal für die Opfer des Balkankrieges auf dem Hauptplatz

Die Straßen sind ganz gut, immer wieder unterbrochen von Passagen mit Rührei-Querrillen. Nach 20 Kilometern möchte ich das Frühstück nachholen. Dabei folge ich der Empfehlung eines deutsch sprechenden Serben am Straßenrand. Klasse, man soll immer auf die Einheimischen hören! Es gibt Spiegeleier, Jam, Brot, Orangensaft und Kaffee, lecker! Mal nichts mit Käse Überbackenes, das hier so beliebt ist und dessen ich nun schon einigermaßen überdrüssig bin!

Dann kommt gleich der zweite Berg bei weiter gestiegenen Temperaturen – den schaffe ich knapp.

Zwei „Lastenradler" kommen mir entgegen, wir winken uns lachend zu. Noch mehr Verrückte! Ich fahre weiter und erreiche nach 65 Kilometern dann die bulgarische Grenze – mein letztes und siebtes Reiseland. Die Grenzpassage gelingt wiederum ohne Komplikationen. Na gut, der Grenzbeamte guckt mich schon etwas mitleidig an!

Ein letzter Berg – nun schon bei 35°C – für mich unter diesen Bedingungen schon wieder eine Herausforderung. Ich komme ziemlich fertig und dehydriert in Vidin, Bulgariens zweitgrößter Stadt an der Donau, an.

Mein einfaches Hotel in der Nähe der Donau finde ich schnell und muss nun doch noch einmal in den Sattel, um Geld für das Hotel zu besorgen, denn Kreditkarten akzeptieren sie nicht. Oder nur von mir in meinem Aufzug nicht? Der Geldautomat funktioniert, ich habe genug Geld für die nächsten sieben Tage.

Die Stadt-Besichtigung ist schnell abgeschlossen. Der Ort hat alten DDR-Charme durch viele gesichtslose Neubauten und es ist kaum jemand auf der Straße! Die drei Leute, die ich treffe, sehe ich später wieder. Ich habe auch nur ein Restaurant gesehen.

Merkwürdig, ich bin den gesamten Boulevard von oben bis unten abgelaufen. Bulgarien erscheint mir ärmlicher als Serbien, auch menschlich kühler. In Serbien tobt das Leben in den Städten, auf den Straßen, in den Kaffees und Restaurants. Hier mutet es an wie am Volkstrauertag – oder ist heute Volkstrauertag?

Heute ist Wasch- und Schuhreparaturtag! Die Cleats haben sich gelockert und verstellt, ich kam fast nicht mehr vom Rad los... Und das Rad, explizit den Sattel, muss ich auch neu einstellen – mittlerweile tut mir abends das Hinterteil ganz schön weh...

Nachdem ich alles gerichtet habe, kann ich freundlicherweise das Fahrrad an der Hotelrezeption in Obhut geben, wo es die ganze Nacht verbrachte und mit Argusaugen vom Portier bewacht wurde.

Fertig, nun sitze ich beim Bier im Park in einer Bar und siehe da, es gibt doch Bulgaren – nun um 18:00 Uhr wird es voll. Waren die heißen Tagestemperaturen der Grund, dass es zuvor so menschenleer war?

Fotos konnte man heute bei dem diesigen Wetter unterwegs nicht machen.

17. September 2017 Vidin - Kozloduy

Ich musste gestern an der Rezeption schon bekannt geben, wann ich am Morgen zu frühstücken gedenke und hatte mich für 7:00 Uhr entschieden. Am Morgen wird mir klar, warum – ich bin der einzige Gast! Meinetwegen wird die kleine Küche in Betrieb genommen und es gibt wieder unvermeidlich den mit Käse überbackenen Toast. Natürlich bedanke ich mich höflich. Es hilft auch nichts, ich brauche die Kalorien. Unterwegs beim Fahren bekomme ich kaum einen Bissen herunter, allenfalls einen Proteinriegel.

Eine halbe Stunde später sitze ich schon auf dem Rad und bin nach 15 Kilometern im Flow, die Kette surrt ... Auch landschaftlich ist die Strecke auf der Landstraße sehr schön. Nur mit den Temperaturen hadere ich, es wird schnell unerträglich heiß. Um 11:00 Uhr lese ich bereits 35°C vom Display ab. Mein Wasser ist schon ausgetrunken!

Ich finde diesmal rasch eine Möglichkeit zum Nachbunkern. Das Wasser brauche ich dringend, es wird wieder etwas bergig und am Etappenziel werden 101 Kilometer und 672 Höhenmeter auf der Uhr stehen.

Ich hatte gestern noch eine preiswerte Unterkunft gebucht, muss aber in Kozloduy nochmals kräftig den Berg hochstrampeln, um die Einfallstraße zu finden. Mit den letzten Kräften erreiche ich ein wunderschönes Hotel-Restaurant wieder unten direkt an der Donau mit traumhafter Terrasse unter Baldachinen. Etwas trinken!!! Und etwas zu Essen – ein Süppchen! Mir geht's gleich besser. Das Deutsch sprechende bulgarische Pärchen am Nachbartisch bittet mich zu sich, sie wollen wissen, wo ich herkomme. Deutschland?! Ostseeküste, aha! Mit dem Fahrrad? Allein? Oh Gott!

Eine super Bar am Fluss, aber nicht mein Hotel!

Frühnebel am Donauufer

Ein kaltes Bier? Ja gerne! Wir unterhalten uns ein wenig. Leider stellt sich später heraus, dass dies gar nicht, wie zunächst vermutet, mein Hotel ist! Nun muss ich auch noch leicht beschwipst erneut aufs Rad und fünf Kilometer weiter fahren. Ich komme durch einen großen Park – den Radetzky-Komplex. Heute am Sonntag ist offensichtlich ein Volksfest, also absteigen und schieben. Überall sehe ich bulgarische Trachtengruppen, die singen und tanzen, und jede Menge Zuschauer. Ich geselle mich ein bisschen dazu ...

Hier am Kai liegt übrigens der Nachbau des alten Dampfschiffes „Radetzky", mit dessen Eroberung 1876 der russisch-türkische Krieg initiiert und die spätere bulgarische Unabhängigkeit eingeleitet wurde. Also ein höchst geschichtsträchtiger Ort, an dem ich logieren werde.

Ich setze mich am Abend noch auf die Terasse und esse Abendbrot.

Im Restaurant ist eine große Gesellschaft, die Damen sind alle in High Heels und tief ausgeschnittenen Haute Couture Kleidern unterwegs. Die schreiendsten Farben und blinkende Pailletten – ich bin geblendet! Irgendwann abends gehe ich auf mein Zimmer und dann geht's los, eine Kapelle spielt zum Tanz auf! Sehr laute und sehr traditionelle Musik – und ich wohne direkt darüber, mit einem Balkon zur Terasse! Nach einer halben Stunde bin ich genervt, bitte an der Rezeption um ein ruhigeres Zimmer und werde erhört! Allerdings geht die Musik in dringt der Zigarettenrauch der unten im Hof pausierenden Kellner in mein Zimmer. Am Morgen bin ich gerädert und habe kaum geschlafen ...unveränderter Stärke bis 2:00 Uhr morgens weiter. Wegen der stickigen Luft muss ich das Fenster öffnen, es wird laut, an Schlaf ist nicht zu denken und zu allem Überfluss.

18. September 2017   Kozloduy - Nikopol

Es gibt morgens wieder das so beliebte mit Käse überbackene Toastbrot. Ich werde wohl den Rest meines Lebens mit dieser Essensvariation abschließen. Naja, meine Stimmung ist nach der vergangenen Nacht sowieso
nicht so prall. Alle Partygäste von gestern schlafen natürlich noch, ich esse allein im Restaurant. Danach hole
ich mein Rad hinterm Tresen vor und mache mich wieder
auf, zurück durch den morgendlich einsamen Park.
Es wird mal wieder ein harter Tag heute. Gibt's eigentlich entspannte? Die Straßen sind nur über kurze Strecken gut, im Wesentlichen aber Flickenteppiche mit
Quer- und sogar Längsrillen, in die meine Bereifung
komplett hineinpassen würde. Ich fürchte um mich und
mein Arbeitsgerät und fahre hochkonzentriert! Das ist
heute furchtbar anstrengend. Vielleicht auch, weil ich
nicht ausgeschlafen und folglich in mieser körperlicher
Verfassung bin? Im Netz hatte ich ein Höhenprofil der

Strecke gefunden, also war ich bei heute anstehenden 845 Höhenmetern schon gewarnt. Es erwarteten mich fürchterlich lange und bei diesen Temperaturen teilweise wieder zu steile Rampen. Ich muss mehrfach absteigen und schieben – wie peinlich! Aber anders war es einfach nicht zu bewältigen. Einmal geht es fast zwei Kilometer auf Kopfsteinpflaster bergauf, mörderisch! Aber auch die folgenden Abfahrten sind kreuzgefährlich. Neben den Pistenbuckeln gibt es im Schatten der Bäume – und nur dort! – andauernd kaum auszumachende Schlaglöcher. Es ist heute wie verhext! So eine Quälerei! Warum tue ich mir das nur an?

Als ich an meinem Ziel, einem kleinen Dorf, anlange, brauche ich einen Liter Cola, um den Blutzuckerspiegel zu normalisieren und wieder halbwegs zu funktionieren. Ein Einheimischer spricht mich an und bietet mir eine Unterkunft in seinem Haus. Nein, ich glaube ihm nicht, dass mein Hotel fünf Kilometer weiter geschlossen haben soll! Es ist geschlossen!

Ich bin frustriert und körperlich, aber auch psychisch heute am Ende. Eine halbe Stunde, einen halben Liter Wasser und zwei Power-Riegel später, kann ich mich wieder aufraffen. Der nächste Ort mit Aussicht auf eine Unterkunft ist mindestens 35 Kilometer entfernt, sagt das Internet. Heute muss ich kämpfen!

Es folgen noch ein paar Anstiege, aber ich schaffe es irgendwie und laufe um 17:00 Uhr nach 144 Kilometern in Nikopol ein. Ich frage die Ortsansässigen nach einem Hotel und es gibt eines, aber nur eines! Warum, wird mir später klar – ich bin schon wieder einmal der einzige Gast. Der Ort ist keine Touristenattraktion. Ich fahre an einer Reihe Bauruinen vorbei, kein sehr schöner Anblick.

Heute will ich nur noch duschen, essen, trinken und ins Bett ...

19. September 2017   Nikopol - Svishtov

Gestern ist mir aufgefallen, dass in Bulgarien eine Stunde Zeitverschiebung vorgegeben ist. Also die Uhren umgestellt und den Wecker auf 6:30 Uhr programmiert, damit das Frühstück dieses Mal um 7:00 Uhr auch klappt. Ich hatte mich gestern schon gewundert, warum das Personal zum Frühstück etwas ungehalten war. Aber sie sind extra meinetwegen gekommen und ich erscheine eine Stunde zu spät … Sorry, im Nachhinein!
Der Start nach wiederum typisch bulgarischem Frühstück – ich ahnte es bereits – beginnt gleich mit einem 150 Meter Anstieg. Ich quäle mich hoch und oben bin ich fix und fertig! Auch der weitere Weg ist heute wieder ausgesprochen beschwerlich. Der Asphalt ist grauenhaft gesäßunfreundlich und es herrscht ein Gegenwind von 20 km/h, der sich auf offener Strecke in Böen noch steigert. Ich komme absolut nicht voran und schon gar nicht in den Flow. Gestern hatte ich noch gehofft, heute die Stadt Russe zu erreichen – knapp 150 Kilometer Tagesetappe – davon kann keine Rede mehr sein! Ich habe wohl alles Glykogen verbraucht, bin völlig ausgepowert! Die Beine wollen nicht mehr, der Kopf auch nicht… Jedenfalls muss ich nach 50 (!) Kilometern und 495 Höhenmetern aufgeben! Es gab schon bessere Tage!

Ich bleibe in der Stadt Svishtov hängen und bin froh, dass ich gestern zumindest auch dort prophylaktisch nach einem Hotel geschaut hatte. Die Internetplattform bietet hier nicht allzu viele Alternativen. Der Fauxpas vom Vortag war mir zudem eine heilsame Lehre!
Es ist ein sehr schönes, neues Hotel mit gleichem Namen. Der Standard ist von der Raumgröße, der Ausstattung, vom Ambiente und Personal durchaus mit

Deutschland vergleichbar – eher selten hier. Es gibt sogar einen begrünten Innenhof, sehr idyllisch gelegen.

Mit der heute gewonnenen Zeit will ich regenerieren und recherchieren. Zunächst ist jedoch wieder Waschtag und das Rad muss gewartet werden. Danach werde ich in die Stadt gehen, ich habe einen kleinen Markt entdeckt …

Dort kaufe ich mir eine große Cola, ein paar Bananen sowie Aprikosen und versuche mich energetisch wieder auf Vordermann zu bringen. Außerdem habe ich entdeckt, dass es hier eine Fähre hinüber nach Rumänien gibt. Dort ist die Strecke durchaus gefälliger im Vergleich zu der wieder mit tüchtig Höhenmetern gespickten, von mir ursprünglich vorgesehenen Route durch Bulgarien. Mit nur 85 Kilometern ist sie auch deutlich kürzer und bei vorausgesagt persistierend heftigem Gegenwind eindeutig die attraktivere Variante!

Mein Gartenrestaurant in Svishtov

Im Internet findet sich ein Fährplan. Aber irgendwie beschleicht mich ein ungutes Gefühl, kann man sich darauf verlassen, ist der Plan noch aktuell? Ich steige lieber nochmal aufs Rad, fahre den steilen Berg hinunter und statte dem Terminal einen Besuch ab. Mein Bauch hatte recht! Die Fähre setzt fahrplanmäßig nur einmal am Tag über und zwar um 7:00 Uhr – danach nur im Bedarfsfall – erklären mir die Grenzer am Hafen.

Wie sich später herausstellen wird, gibt es keinen weiteren Bedarf. Sie fährt nur dieses eine Mal am Tag! Da habe ich ja dieses Mal wirklich Glück gehabt. Sonst hätte ich vielleicht den halben Tag gewartet, in der Hoffnung, dass mindestens drei LKW zusammenkommen, das war laut Fährmann die Bedingung zum Auslaufen. Zum Schluss hätte ich dann vielleicht doch noch die Alternative über Bulgariens Berge Richtung Russe nehmen müssen. So fühle ich mich als Glückspilz – Alles wird gut! Okay, auf das Frühstück morgen werde ich wohl verzichten müssen.

Zurück bergauf gehe ich aber zu Fuß – eine Abkürzung mit Kopfsteinpflaster und einem Anstieg von 16 Prozent! Mein Hotel liegt auf dem höchsten Berg der Stadt – super ausgesucht!

Dann habe ich mir das Bier zum Feierabend verdient und esse italienisch – wieder einmal so viel ich kann.

20. September 2017   Svishtov - Russe

Der heutige Tag beginnt früh um 6:00 Uhr, der Tag bricht gerade an. Ich brauche die Fahrradbeleuchtung, deren Batterien ich vorausahnend gestern noch einmal aufgeladen habe. Duschen, packen und auf zum Fährterminal. Das Hotel war so freundlich, mir auch um diese frühe Uhrzeit ein Sandwich vorzubereiten und eine Banane bekomme ich auch noch.

Als ich am Terminal ankomme wird mir schlagartig klar, warum es gestern so lange Diskussionen gab, ob die Fähre nun fährt oder nicht. Außer mir ist nur ein einziges Auto da und die riesige Fähre ist für zehn LKW vorgesehen! Aber der 7:00 Uhr Transfer steht fest. Also rauf da und tatsächlich fahren sie uns zwei Passagiere im Licht der aufgehenden Sonne hinüber nach Rumänien.

Drüben gelingt wieder eine problemlose Grenzpassage, aber unmittelbar danach kommt es zu den in Rumänien

üblichen Auseinandersetzungen mit streunenden Hunden. Mein Pfefferspray – vorsorglich griffbereit am Lenker montiert – kommt zum Einsatz. Die Hunde erkennen das offensichtlich schon an der Bewegung und drehen urplötzlich ab. Okay, mein Adrenalinspiegel sinkt wieder. Ich hatte im Vorfeld schon von den Wadenbeißern gehört und war vorbereitet.

Zweimal habe ich nun das Spray gebraucht, ansonsten reichte Serpentinenfahren und Beschleunigen, um den Kläffern zu entkommen. Was sich mir nicht erschließt, ist, warum es nur die rumänischen Hunde und nie die serbischen, ungarischen, deutschen oder bulgarischen sind, die diese Probleme machen? Ich werde auf dieser letzten rumänischen Etappe aufmerksam bleiben müssen.

Ich finde die Nationalstraße, die mäßig befahren, aber dafür von ausgesprochen schlechter Qualität ist. Rollender Beton ist das nicht. Zudem herrscht wieder der im Wetterbericht gestern schon angekündigte Gegenwind aus Nordost mit circa 20 km/h. Auf Dauer ist das ziemlich kräftezehrend und ich habe nur noch zwei Riegel und keine rumänischen Leu mehr, um Proviant und Getränke nachzukaufen. Aber dafür ist diese Route deutlich kürzer und weist 700 Höhenmeter weniger auf. Damit baue ich mich moralisch auf und kämpfe weiter.

An der Grenze in Rumänien herrscht Chaos! Es stehen bestimmt 50 LKW hintereinander und zusätzlich endlose PKW herum und dürfen die Brücke momentan wegen Bauarbeiten nicht passieren. Mich lässt man aber durch! Super, denke ich und radle gemütlich an allen vorbei, mache noch einen Foto-Stopp auf der Brücke. Als ich als einziger Radler und ohne jeglichen Verkehr die Brücke zu Dreivierteln passiert habe, höre ich plötzlich hinter

Die Fähre von Svishtov setzt nur einmal am Tag nach Rumänien über!

Russe- die Brücke die Rumänien mit Bulgarien verbindet

mir die LKW herandonnern! Oh nein! Das darf doch nicht wahr sein. Bei Gegenverkehr bin ich auf dieser schmalen Brücke erledigt! Und nun gebe ich Fersengeld und knalle mit 40 km/h in der Mitte der Fahrspur vorwärts, überholen lasse ich mich hier definitiv nicht. Das geht garantiert nicht gut für mich aus. Es gelingt – ich komme heil auf der bulgarischen Seite an, die Brummis schon dicht im Rücken spürend! Gehupt hat aber keiner.

Auch hier an der Grenzstation stehen wieder viele Autos in einer Warteschlange. Sie müssen die Brücke ja bereits wesentlich früher vor mir passiert haben. Die stehen hier also alle auch schon eine ganze Weile.

Als Fahrradfahrer überhole ich alle bis ich ganz vorn an der Grenzkontrolle anhalte. Ich sehe sicherlich auch schwer geschafft aus – nach meiner Flucht auf der Brücke bin ich schweißgebadet ... mitleidige Blicke der Autofahrer, sie lassen mich gewähren. Innerhalb von 30 Sekunden bin ich durch die Kontrolle und wieder in Bulgarien und damit meinem Tagesziel schon ziemlich nahe.

Nun folgen noch einmal fünf Kilometer auf der Fernverkehrsstraße, Rennen mit den Brummis an der Seite fahrend und ich habe Russe-Zentrum und damit mein Hotel nach 80 Kilometern und 244 Höhenmetern erreicht. Letzteres habe ich zuerst gar nicht erkannt und bin vorbeigefahren. Es erweist sich aber als sehr schön und modern und beherbergt ein sehr hübsches Restaurant im Hinterhof.

Nach dem Begrüßungsbier als heutige Belohnung mache ich mich an die Organisation der letzten zwei Tourtage. Die Strecken müssen im Navigationsgerät neu programmiert werden. Von hier ab habe ich nichts mehr vorbereitet. Nachdem, was ich in den Karten sehe, bleibt mir eh nur die Fahrt auf der Europastraße E70 mit dem ganzen Fernverkehr, na super! Auch die kommenden

Hotels in Sumen und Varna buche ich heute schon. Zu Abend esse ich in meinem Hotelgarten, die Beine sind zu müde für ein Sightseeing. Ich bestelle mir einen riesigen Grillteller. Der ist so groß, dass ich ihn nur zur Hälfte schaffe – unglaublich – und mit Fett sparen die Bulgaren auch nicht, ebenso wenig mit Käse. Aber darüber kann ich nun schon wieder lachen.

21. September 2017   Russe - Shumen

Ich habe unruhig geschlafen, nachdem ich gestern Abend festgestellt habe, dass heute meine Königsetappe ansteht! Angesichts der heutigen 1204 Höhenmeter und 107 Fahrkilometer bei meiner weiterhin fehlenden Bergfestigkeit bin ich doch etwas verunsichert.

Im Verlauf der bisherigen Tour habe ich zwar eine eigene Strategie in der Bergbewältigung entwickelt, bin mir aber nicht sicher, ob ich heute damit durchkomme ... Im Angesicht steiler langer Anstiege suche ich mir schon am Anfang die passende Kettenblatt-Ritzel-Kombination – im Zweifel mit nur noch einer Gangreserve zum Runterschalten. Dann versuche ich meinen Rhythmus zu finden und den wie eine Maschine gnadenlos, aber bloß nicht zu schnell, durchzuziehen. Ach ja – und nur nicht hochschauen, das wirkt ausgesprochen demotivierend!

Aber soweit ist es jetzt noch nicht. Das Frühstück ist diesmal echt okay, kohlenhydrat- und eiweißreich. Sogar leckereres Rührei war zu haben und endlich mal keine überbackenen Käsestullen!

Erst um 8:00 Uhr geht es los, damit der Bauch nicht zu voll ist, und wie erwartet starten wir heute gleich mit Bergen. Gefühlt geht es eigentlich immer nur bergauf mit 5 - 8 Prozent Steigung. Aber das ist natürlich Quatsch, ich brauche bloß zu lange zum Regenerieren und registriere die Abfahrten gar nicht mehr richtig. „Rolling hills" nennt der genervte Radfahrer so etwas – und jetzt geht es schon wieder bergauf, lange Steigung – lange Abfahrt ... Der Wind bläst mit 25 km/h von halbrechts – immer noch besser als von vorn! Das fasse ich nun schon als Belohnung auf.

Die gesamte Strecke ist, wie bereits postuliert, Fernverkehrsstraße und die Brummis donnern permanent an

Einmal kriege ich heute die Arme noch hoch, die Königsetappe ist geschafft!

Monument „1300 Jahre Bulgarien" in Sicht- aber nicht mehr Reichweite!

einem vorbei. Ich greife wieder auf meinen bewährten neongelben Rucksack-Überzieher zurück. Nachdem es nachts etwas geregnet hatte, ist es einen Hauch kühler geworden, das ist eine weitere heutige Marsch-Erleichterung. Ab 12:00 Uhr registriere ich bereits wieder 27°C und die Berge hören wohl niemals auf, bis Shumen hinein ein einziger Kampf! Aber ich schaffe es tatsächlich – meine Hammer-Etappe mit 1204 Höhenmetern und 107 Kilometern ist im Sack!

Am ersten Kiosk in der Stadt gönne ich mir sofort einen halben Liter Cola zum Regenerieren. Dann suche ich mein Hotel und finde es sofort! Es ist ein sehr schönes und modernes Haus. Das wäre mir heute aber fast egal gewesen, ich bin völlig fertig, aber auch irgendwie glücklich. Mein vorletzter Fahrtag ist im Kasten. Ich glaub, ich schaffe es!

Jetzt erstmal eine Dusche, Spagetti und ein Bier!

Dann schaue ich mir die Stadt an. Ein beindruckender Boulevard, aber mit einer riesigen Bauruine mitten im Zentrum! Sollte das einmal ein Turm mit Eigentumswohnungen werden? Nun verrottet das Gemäuer, leider. Ansonsten ist es sehr schön hier, überall Kaffees, die Leute sitzen draußen, genießen die Sonne, erzählen, gucken ... Bis zur berühmten Tombul-Moschee oder gar auf den Berg zum Bulgarien-Monument schaffe ich es mit meinen müden Beinen dann aber leider auch nicht mehr. Waschtag fällt ermüdungsbedingt ebenfalls aus, morgen vielleicht in Varna?

Am Abend gibt es Schweinemedaillons mit Shopska-Salat und als Belohnung „Schokoladnaja Torta"– Schokoladentorte!

Ich stehe nun nur noch einen Tagesritt vor Varna!

Rolling hills

22. September 2017   Shumen - Varna

Mein schickes Hotel hat etwas Probleme mit dem Frühstück in Schwung zu kommen. Statt um 7:00 Uhr, wie versprochen, macht das kleine Restaurant erst um acht auf. Dafür gibt es ein türkisches Frühstück–also mal was Süßes mit starkem Kaffee!

Um 8:30 Uhr komme ich los auf die Straße und die Strecke ist wie erwartet nicht wesentlich anders als gestern–wieder „Rolling hills", wieder viel begleitender Verkehr sowie ordentlich Wind, aber diesmal fast von hinten! Also quasi eine Belohnung auf der letzten Etappe!

Am Ende werden es heute 93 Kilometer und wieder 833 Höhenmeter im Roadbook sein.

Es sind deftige und lange Anstiege dabei mit bis zu sieben Prozent. Aber mittlerweile – und bei den heute günstigen Rahmenbedingungen mit Rückenwind 30 km/h und Temperaturen um 18°C, dazu das Ziel meiner Reise quasi vor Augen, ist alles zu schaffen!

Zwischendurch sind auch lange Abfahrtsstrecken dabei, die aufgrund der Straßenverhältnisse auch gebremst gefahren werden müssen. Gottlob mit Scheibenbremsen, dennoch taten mir am Ende die Finger vom Dauerbremsen weh. Aber Hauptsache heil ankommen!

Die Fahrbahnverhältnisse verlangten mir noch einmal alles ab. Gerade am Straßenrand war der Belag enorm grob und rollte gar nicht. Und auch heute blieben mir die berüchtigten Rühreierstrecken nicht erspart. Na gut, ich hätte natürlich auch mit meinem besser gefederten, allerdings auch deutlich schwereren Treckingrad fahren können – aber dann wäre ich wohl heute noch nicht hier. Nun fängt auch noch das Navi an zu spinnen, empfiehlt mir absurde Umwege! Vermutlich soll ich von der Europastraße runter. Ich lasse mich aber nach Prüfung der

Strecke im Internet nicht beirren, bleibe auf der Hauptstraße. Die wird hier Gott sei Dank relativ ruhig befahren, da alle die es eilig haben, die fast parallel verlaufende Autobahn nutzen. Dennoch schossen etliche Brummis an mir vorbei, einmal in Kolonne zu sechst hintereinander, da wird einem ganz anders.

Wann kommt denn nun endlich Varna in Sicht?!

Es geht hinauf auf den letzten Pass vor der Stadt. Noch einmal herunterschalten ... schuften wie eine Maschine ... nicht nach oben sehen – geschafft! Dann bin ich oben, schaue auf und sehe auf der Bergkuppe ein Empfangskomitee mit den hübschesten Mädchen! Halluzinationen? Oooh! Nein, es sind Vertreterinnen des ältesten Gewerbes der Welt ... ganz klar, in meinem Zustand bin ich für die Damen sicher uninteressant und auch physisch bin ich gerade nicht in Verfassung ... Nein Spaß! Natürlich fahre ich lächelnd an ihnen vorbei und sehe nun wie sich Varna am Fuße des Berges ausbreitet. Ein toller Anblick, ein tolles Gefühl quasi als Sieger!

Also hinab diese letzte drei Kilometer lange Abfahrt, was noch einmal ordentlich auf die Bremsbeläge geht und schön herumzirkeln um die Asphaltbuckel bei jetzt wieder deutlich zunehmendem Verkehr.

Das Navi führt mich schnurstracks zum Hotel und in Varna selbst gibt es sogar zweispurige Radwege! Wow! Hier können unsere Verkehrsplaner ja noch was lernen.

Das Hotel ist ganz nah am Meer gelegen und ich starte sofort durch ans Wasser, um das Zielfoto zu schießen!

Endlich geschafft!!! Nach 24 Tagen Fahrzeit, 3157 Kilometern und 13051 Höhenmetern ist das Ziel erreicht!!! Ich stehe am Strand im Sand, schaue auf das klare blaue Meer und den Himmel und bin glücklich!

Alle Strapazen der vergangenen Wochen sind vergessen – ich bin am Ziel! Mein Rad ist heil, hat wunderbar funktioniert. Ich bin heil, mein Körper hat funktioniert. Ich habe vieles gesehen, viel über mich gelernt und die Strecke zwischen Ostsee und Schwarzem Meer tatsächlich bewältigt. Ein grandioses Gefühl! Ich bin dankbar.

Eine Weile setze ich mich neben mein Rad in die Sonne am Strand und genieße den Augenblick...

In einer Strandbar gibt's später eine Fischsuppe und das obligatorische Siegerbier. Als es kühler wird – ja, es hat nun nur noch 18 Grad – suche ich mein Hotel auf.

Von der Ostsee bis ans Schwarze Meer!

Okay, da habe ich ein bisschen gespart, mein Hotel ist recht spartanisch. Aber das Zimmer ist groß, besitzt eine Terrasse und das Personal ist sehr nett. Das Rad kann ich direkt vor meinem Schlafzimmer an einem Mast anschließen – auch wichtig. Nun nur noch die obligatorische Wäsche und duschen, dann mache ich eine Stippvisite in der Stadt und decke mich mit Getränken, Bananen und leckeren Pfirsichen ein. Traumhaft!

Jetzt wird der besten Ehefrau von allen und den Freunden mitgeteilt, dass mein Tourziel Varna heil erreicht ist und ich super drauf bin!

Eigentlich kann ich es selbst immer noch nicht fassen – die ganze Strecke allein mit dem Rennrad – unglaublich! Aber es geht!

„Ob sich ein Weg lohnt, erkennst Du erst, wenn Du losgegangen bist!" Oh ja, er hat sich gelohnt, da bin ich mir jetzt ganz sicher!

Da ich ein paar Tage hierbleiben werde, richte ich mich häuslich ein und versuche am Abend noch nach Fahrradläden und Baumärkten im Umfeld zu googeln. Aber das Internet ist furchtbar langsam und ich bekomme nichts hin. Na ja, dann muss ich das Problem mit meiner Radverpackung und dem Transport zum Flughafen halt morgen in Varna vor Ort klären.

Und so gebe ich auf und besuche ein orientalisches Restaurant unweit meiner Unterkunft. Das wiederum ist ein kulinarisches Highlight schlechthin! Eine Lammkeule, deren Fleisch vom Knochen fällt, leckeres Gemüse, orientalische Gewürze, Kichererbsen und Fladenbrot – mhm, superlecker! Mir geht's gut.

Am Abend beschließe ich dann wegen persistierender Muskelschmerzen doch noch einmal mit Kalium, Magnesium und einem antientzündlichen Schmerzmittel zu dopen. Schon am Anfang der Tour hatte ich mich mit den Präparaten eingedeckt und sporadisch Elektrolyte substituiert, da ich davon ausgehen musste, mit der körperlichen Belastung und dem Schweiß in defizitäre Situationen zu geraten. Das hatte sich bewährt, echte Problemsituationen traten bisher nicht auf und jetzt brauche ich soetwas auch nicht mehr. Also futtere ich die letzten Pillen auf.

Kathedrale" Himmelfahrt der Heiligen Mutter" in Varna

23. September 2017   Varna

Komischerweise habe ich in dieser Nacht sehr schlecht geschlafen. Es kamen aber auch bis in die späte Nacht hiesiger Zeit noch Glückwunsch-Mails von Freunden aus der Heimat rein. Ich hatte schlicht vergessen, das Handy auszustellen. Außerdem ging in meinem Kopf alles drunter und drüber ...

Zum Frühstücken komme ich daher erst um 8:00 Uhr. Es ist in Ordnung, nichts Besonderes. Die Chefin strahlt mich an und macht mir – man glaubt es kaum – mit Käse überbackenen Toast!!!

Und ich bedanke mich artig. Eines weiß ich aber genau, den Rest meines Lebens werde ich einen großen Bogen um überbackene Toaststullen machen! Aber die nächsten vier Tage werde ich wohl noch damit leben können. Wo sie sich doch so viel Mühe damit gemacht hat! Das bekommt auch nicht jeder Gast hier, ist quasi mein Privileg!

Dann geht's zu Fuß in die Stadt zum Sightseeing. Ich schaue mir die Kathedrale „Himmelfahrt der Heiligen Mutter" an. Eine wirklich faszinierende Architektur, sowohl von außen als auch von innen. Still setze ich mich auf eine hintere Bank und folge einem christlich-orthodoxen Gottesdienst. Das war echt beeindruckend ...

Varna besitzt unheimlich großzügige Fußgängerzonen und Geschäfte wie sie auch in Berlin und Hamburg zu finden sind. Die Stadt ist quirlig, es sind Menschenmassen unterwegs. Ich genieße das Treiben ein wenig und entschließe mich dann doch noch, das Rad rauszuholen und fünf Kilometer zu einem Baumarkt in der Nähe zu fahren. Dort möchte ich mir die notwendigen Materialien zum Einboxen meines Fahrrades für den Rückflug besorgen. Mit etwas Mühe gelingt es mir, obwohl mir sämt-

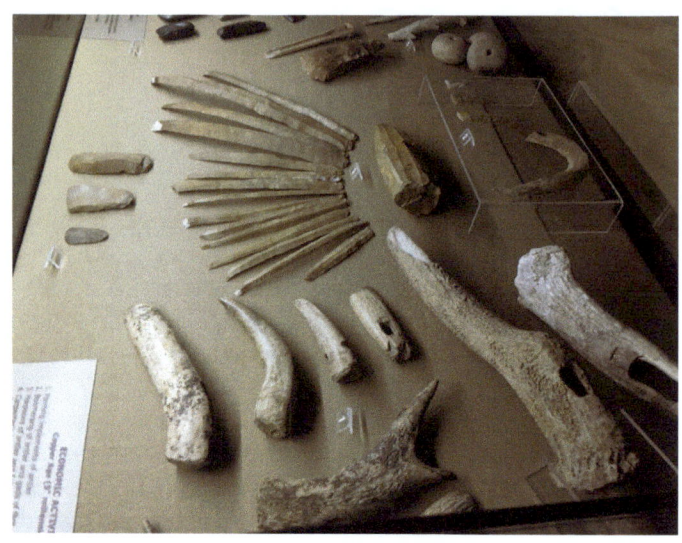

Exponate des Archäologischen Museums Varna

liche Sprachkenntnisse fehlen. Dann kann ich aber beruhigt nach Hause ins Hotel fahren und beschließe, mir in diesen frühen Nachmittagsstunden das berühmte archäologische Museum anzusehen. Die Funde stammen aus dem Paläolithikum (ca. 100.000 Jahre vor Christi) bis hin zum Mittelalter (8. Jahrhundert). Wirklich spektakulär finde ich die sehr schön aufbereiteten Funde, die auf 5000 Jahre vor Christi datieren. Unter anderem bewundere ich hier ebenso alte Goldfunde, darunter die ältesten bearbeiteten der gesamten Menschheitsgeschichte. Die Exponate stammen tatsächlich aus Ausgrabungen im unmittelbaren Umfeld Varnas aus der Stein- und Kupferzeit. Zu bestaunen sind ferner sehr schöne prähistorische Keramik, viele Werkzeuge (sogar frühe medizinische!), Goldschmuck und vieles mehr. Die Entwicklung der Menschheit wird hier plastisch vor Augen geführt und ich bin wieder einmal fasziniert, was unsere Altvorderen bereits im Stande waren zu leisten. Es ist wirklich ein wunderschönes Museum, ich bin schwer beeindruckt. In Reminiszenz an mein ursprüngliches Reiseziel Istanbul, gehe ich heute türkisch essen und werde mit einem fantastischen Menü verwöhnt.

Anschließend wandere ich die Promenade Richtung Meer entlang und gelange so wieder an den Strand. Genau rechtzeitig, um mit vielen anderen entspannten Leuten in einer Beach-Bar ganz gelöst den Sonnenuntergang genießen zu können. Ein traumhaftes Ambiente! Das war ja nun mal ein richtig toller Tag mit unheimlich vielen Eindrücken. Und wenn ich darüber nachdenke, bin ich ein bisschen traurig, mir nicht mehr Zeit für die Menschen und Sehenswürdigkeiten auf meiner Strecke genommen zu haben. Aber es ist wie immer, am Ende fehlt die Zeit. Dafür hätte ich dann wohl zwei Monate oder mehr einplanen müssen ...

Sundowner in einer Beach-Bar

Heute bin ich fast nur zu Fuß unterwegs gewesen, die Sohlen brennen, mit dem Rad waren es nur 10 Kilometer. Das Fahrradfahren erscheint mir retrospektiv schon weniger anstrengend gewesen zu sein. So verklärt sich die Vergangenheit! Dabei gab es keinen Tag, an dem ich nicht irgendwo Schmerzen gehabt hätte.

24. September 2017   Varna

Ich esse wieder tapfer mein bulgarisches Frühstück. Heute kann ich ein letztes Mal vor dem großen Verpacken mein Rad benutzen. Ich möchte zum berühmten Goldstrand, 16 Kilometer nordöstlich von Varna. Das ist ja nun ein Klacks! Es gibt eine schöne Teilstrecke, die direkt am Meer entlang führt – wirklich bildschön. Traumhaft sind auch das Wetter und der Strand. Ich werde zum ersten Mal auf dieser Reise – und das Ende September – am Meer sonnenbaden! Es ist wirklich eine schöne Ecke und ich genieße die warme Sonne. Da wird man zu Hause nun doch sehen, dass ich im Urlaub war. Ein Auge habe ich immer auf das an einem Laternenpfahl gekettete Fahrrad. Das wäre ja peinlich, sich das Gerät womöglich am letzten Tag noch klauen zu lassen.

Es gibt viele auch sehr gute und moderne Hotels hier, konsekutiv auch viele Touristen. Um ehrlich zu sein, habe ich auf der Rückfahrt am Strand streckenweise das Gefühl hier am bulgarischen „Ballermann" zu sein. Nicht so mein Fall.

Auf der Fahrt durch einen langen Park am Meer registriere ich im Augenwinkel eine Bushaltestelle und beschließe den Transfer zu nutzen. Aber es ist noch eine halbe Stunde Zeit und der Busfahrer steigt aus, mustert mein Fahrrad und spricht mich an. Ja, und dann muss ich ihm und seinen sich dazu gesellenden Kollegen alles auf Englisch erzählen: woher, wohin, warum? Sie steuern auch einige Anekdoten bei; es gibt viel zu lachen und so verfliegt die Zeit ganz schnell. Natürlich wollen sie wissen, was so ein Rad kostet. Große Augen ... Kopfschütteln. Mein Rad darf kostenlos mit – super!

Zurück in Varna radle ich noch durchs Zentrum, suche und finde zwei Radläden, die ich morgen besuchen werde.

Heute ist schon geschlossen. Dann geht's zum Hotel. Stadtfein gemacht gehe ich abends schnurstracks wieder in „mein" orientalisches Restaurant und werde nicht enttäuscht. Es wird wieder ein kulinarisches Highlight. Auch die berühmten Süßigkeiten gönne ich mir heute zum Schluss. Immerhin habe ich sieben Kilogramm abgenommen!

25. September 2018 Varna

Zum Frühstück sage ich heute nichts!
Die Aufgabe des Tages besteht darin, eine Kartonbox zu finden, in die mein Fahrrad passt. Also lauf ich los und klappere die Fachläden im Umfeld ab. Die Jungs sind alle sehr hilfsbereit und bald ziehe ich mit zwei allerdings viel zu großen Boxen im Schlepptau zurück zum Hotel. Es kostet mich einen ganzen Nachmittag, aus zwei eins zu machen. Dann schraube ich das Rad auseinander, verpacke alles akribisch auf das von der Fluglinie vorgegebene Packmaß. Geschafft! Es bleibt noch genug Zeit, die direkt in der Stadt gelegenen Reste einer römischen Therme zu besichtigen und über die Boulevards zu schlendern ...
Dann verspricht mir meine Herbergsmutti, für morgen Früh ein Großraumtaxi zu bestellen.
Schön, dann wandere ich noch ein letztes Mal hinunter zum Strand und verabschiede mich vom Schwarzen Meer, das heute richtig aufgewühlt ist, bevor ich an meine Ostsee zurückkehre. Es weht ein heftiger Wind, der Sand fliegt über den Strand. Ich finde hinter einer Strandliege Schutz und schaue aufs Meer ...
Schon nach einer halben Stunde fährt ein Traktor auf mich zu und lädt auch diese letzte Liege auf und damit fährt fort. Es ist nun definitiv Herbst und Saisonende!
Es scheint, als hätte ich ein perfektes Timing für meinen Trip gehabt. Für meinen morgigen Abreisetag ist Regen angekündigt.
Ich schlendere zurück in die Stadt, esse heute einmal italienisch und packe etwas wehmütig ein letztes Mal meinen Rucksack.

Fast...

...fertig!

26. September 2017   Varna

Der neue Morgen empfängt mich auf dem Flughafen doch tatsächlich mit Regen! Etwas rührselig bin ich nun doch an meinem heutigen letzten Tag der Tour, die nun nach 3157 Kilometern und 13051 absolvierten Höhenmetern ihr Ende findet. Es war schon ein beeindruckendes Erlebnis, so eine Strecke alleine zu bewältigen. Jeder Tag war ein kleiner Kampf mit sich selbst, aber mit eindrucksvollen Erlebnissen in wundervoller Natur und dem Gefühl der persönlichen Freiheit. Ich habe jeden Tag genossen – manchmal erst nach der Ankunft, zugegeben. Aber es ist schon ein tolles Privileg, solch eine Tour planen und durchführen zu können. Jeden Tag selbst bestimmen zu dürfen, was passiert, nur eigene Ziele zu verwirklichen ... wann hat man diese Chance sonst im Leben? Ein Gefühl wirklicher Freiheit!

Ein Urlaub sieht für manchen sicher anders aus, aber man bekommt tatsächlich eine Menge zurück. Man erfährt eine Menge über sich, über die eigene physische und psychische Leistungsfähigkeit und deren Grenzen. Dennoch habe ich nie wirkliche Motivationsprobleme gehabt. Am Ende eines Tages überwogen immer die positiven Eindrücke und der Stolz auf das Geschaffte.

Vielleicht kann ich den einen oder anderen Leser motivieren, selbst einmal aufs Fahrrad zu steigen, die Natur zu genießen und Spaß an der Bewegung zu finden.

Was ich gemacht habe, ist nichts Besonderes – allenfalls für mich selbst – und von jedem Hobbyradfahrer auch ohne spezielles Training nachzuerleben. Traut euch!